23,90

ACCESO GRATIS *a la Lectura en la Nube*

Para visualizar el libro electrónico en la nube de lectura envíe junto a su nombre y apellidos una fotografía del código de barras situado en la contraportada del libro y otra del ticket de compra a la dirección:

ebooktirant@tirant.com

En un máximo de 72 horas laborables le enviaremos el código de acceso con sus instrucciones.

La visualización del libro en **NUBE DE LECTURA** excluye los usos bibliotecarios y públicos que puedan poner el archivo electrónico a disposición de una comunidad de lectores. Se permite tan solo un uso individual y privado.

MUJER, GÉNERO, DERECHO Y LIBERTAD RELIGIOSA

Procedimiento de selección de originales, ver página web:
www.tirant.net/index.php/editorial/procedimiento-de-seleccion-de-originales

MUJER, GÉNERO, DERECHO Y LIBERTAD RELIGIOSA

Marina Meléndez -Valdés Navas

tirant lo blanch
Valencia, 2024

En caso de erratas y actualizaciones, la Editorial Tirant lo Blanch publicará la pertinente corrección en la página web www.tirant.com.

EDITA: TIRANT LO BLANCH
C/ Artes Gráficas, 14 - 46010 - Valencia
TELFS.: 96/361 00 48 - 50
FAX: 96/369 41 51
Email: tlb@tirant.com
www.tirant.com
Librería virtual: www.tirant.es
DEPÓSITO LEGAL: V-3479-2024
ISBN: 978-84-1071-279-9

Si tiene alguna queja o sugerencia, envíenos un mail a: *atencioncliente@tirant.com*. En caso de no ser atendida su sugerencia, por favor, lea en *www.tirant.net/index.php/empresa/politicas-de-empresa* nuestro procedimiento de quejas.

Responsabilidad Social Corporativa: *http://www.tirant.net/Docs/RSCTirant.pdf*

Índice

Introducción *11*

Capítulo I

El lenguaje como elemento determinante **15**

Capítulo II

Libertad religiosa y género en perspectiva jurídica **23**

1. Referencias internacionales 23
2. Referencias españolas 35
3. Ejes para un análisis 38

Capítulo III

Mujer, género y libertad de expresión **51**

1. Libertad de expresión desde lo confesional o religioso 53
   a. Libros 53
   b. Ministros de culto 65
2. Libertad de expresión sobre lo confesional o lo religioso 86
   a. Referencias europeas 87
   b. Referencias españolas 89
   c. Mujer y sexualidad 92

Capítulo IV

El cuerpo femenino y las prácticas religioso/culturales **97**

1. Tapando/ocultando el cuerpo de la mujer 99
2. Intervenciones en el cuerpo de la mujer 134
3. Intervenciones en el cuerpo del hombre 163
4. Consideraciones en torno a la motivación religiosa 172

Capítulo V

Conclusiones y propuestas **175**

Bibliografía **189**

Introducción

Los estudios e investigaciones sobre género en el momento actual son abundantes y se multiplican en distintos campos y materias, incluidas las jurídicas. Dentro de este panorama, de multitud de publicaciones científicas, que pone de manifiesto que se trata de un tema cuyo tratamiento y estudio está en auge, esta monografía pretende realizar una aportación al entendimiento de cuestiones específicas sobre mujer y género y su relación con el hecho religioso desde la perspectiva de la libertad religiosa. La amplitud de la materia hace que se trate de un primer acercamiento a algunos de los temas que tienen relevancia en el ámbito del fenómeno religioso y la mujer.

No cabe duda de que son muchas y muy diversas las cuestiones jurídicas en las que existe una conexión especifica entre libertad religiosa, hecho religioso, mujer y género, abarcando, por ejemplo, el uso de símbolos religiosos femeninos, matrimonios forzados, libertad de expresión en relación al papel de la mujer y la familia, mutilación genital femenina, violencia de género y ofensas a los sentimientos religiosos. Estos temas reclaman que se aborden con un enfoque y se realice un tratamiento desde la libertad religiosa, pues si se prescinde de ella, como sucede muchas veces, se está olvidando un elemento esencial, constitutivo, que afecta su tratamiento jurídico, provocando que las soluciones no alcancen verdadera eficacia social y jurídica. Se parte en este estudio, por ello, del análisis de los diversos elementos implicados en las cuestiones de género, lo que incluye el hecho religioso y su perspectiva jurídica, sin prejuzgar su conveniencia o no y sin realizar su descarte sin un criterio que lo justifique. Se pretende en las siguientes líneas comentar y reflexionar sobre la relación entre la libertad religiosa y las cuestiones de género partiendo de dos pilares fundamentales, el derecho de libertad religiosa y el derecho de igualdad y no discriminación, este último en relación al sexo y al género. Se opta por una visión *radical*, en el sentido de huir de planteamientos que no sean plenamente jurídicos y a la vez *constructiva* que contempla la materia desde el derecho de libertad religiosa en todas sus dimensiones, esto es ejercicio, protección y límites, planteando interrogantes y aportando vías que profundicen en la plenitud de este derecho.

En el estudio se parte de la consideración de la dignidad de la persona para una comprensión de la relación entre libertad religiosa, mujer y género que tenga en cuenta su papel en nuestro texto constitucional y el valor que ello le otorga desde el punto de vista jurídico, considerando además que desde un sistema personalista la implicación de los grupos y entidades religiosas se analizará siempre desde el prisma del interés del derecho individual como mediadores y agentes necesarios en la realización el derecho de libertad religiosa. Con ello se consigue huir de perspectivas institucionalizadas que ponen el foco en los aspectos colectivos y terminan por criminalizar o estigmatizar a las confesiones religiosas y por tanto a los individuos integrados en las mismas. No se trata por lo tanto de estudiar la situación o el papel de las mujeres en las confesiones religiosas, sino, desde los derechos de libertad religiosa e igualdad y no discriminación, analizar qué cuestiones se refieren de modo especifico y exclusivo a la mujer y al género[1].

Se abordará en las siguientes páginas el lenguaje como elemento determinante. Así, tanto para la aclaración de los términos básicos de la materia objeto de estudio, como para la

---

[1] Sobre la situación de la mujer en las confesiones, PAREJO GUZMÁN, M. J., "¿Mujer, pluralismo religioso e igualdad de género?: desafío jurídico en el siglo XXI en España", *Revista De Derecho De La UNED (RDUNED)*, 23, 2019, pp.143–191. https://doi.org/10.5944/rduned.23.2018.24014.

reflexión sobre este y sobre la terminología y, a su vez, se realizan algunas consideraciones que presentan interés para las cuestiones que trataremos ya que se expone que es parte de uno de los aspectos que en relación al género han conseguido tener una mayor relevancia.

Son varias las caras de este tema, el lenguaje no sexista y su consideración desde el derecho, el lenguaje como instrumento ideológico en relación con la conciencia y la libertad y por último la terminología usada en la materia y sus significados. Concretamente se expone como marco definitorio el término género y la distinción entre perspectiva de género, con un enfoque relacional e ideología de género optando por la primera. Especialmente se pone de relieve en relación a las cuestiones de género que el lenguaje incide en la forma de pensar y la construye, que no es un elemento meramente neutro y la incidencia que tiene en la libertad de expresión, descendiendo a los procesos impositivos como forma de control y a la importancia de la especificidad del lenguaje religioso y el contexto en el que se usa desde el derecho de libertad religiosa y las consecuencias jurídicas que ello comporta.

A continuación se explica el planteamiento constructivo con el que se van a tratar las cuestiones específicas sobre mujer y libertad religiosa y la necesidad del mismo desde el derecho. Estas cuestiones concretas que se analizan se estructuran en dos grandes bloques. Uno referido a la libertad de expresión y otro referido a las practicas religioso/culturales en relación con el cuerpo femenino. En el primero se examinan por un lado, manifestaciones desde ámbitos confesionales y religiosos, así libros sobre la mujer provenientes del ámbito confesional y que han sido objeto de atención jurídica y manifestaciones de ministros de culto en diversos foros, y por otro lado manifestaciones sobre lo confesional o religioso en torno a la mujer y el género en diversos escenarios y medios como por ejemplo en las manifestaciones del día de la mujer; prestando una especial atención a las actitudes institucionales y publicas por cuanto las mismas afectan al papel que les corresponde en relación a las creencias religiosas según el marco constitucional.

En el segundo bloque, relativo a las prácticas religioso/culturales sobre el cuerpo femenino, se examinan por un lado, los supuestos en los que este es tapado o incluso ocultado completamente con el uso de diversas prendas y por otro lado, otros en los que sufre actuaciones/intervenciones físicas sobre sus órganos sexuales y la relevancia jurídica de las mismas, analizando en ambos casos el papel de lo religioso en todo ello. Especial atención tendrá, en relación a las prendas, la prohibición en diversos países europeos de aquellas que ocultan por completo a la mujer y la relación de esto con la perspectiva de género, para, además, estudiar si de algún modo hay correlación de algunos conceptos en el tratamiento jurídico que se realiza de la materia en nuestro país. Sobre las intervenciones en el cuerpo femenino se exponen las principales referencias jurídicas reflexionando sobre el papel del factor religioso en su realización y también en su tratamiento desde el punto de vista del derecho y una reflexión sobre los paralelismos y divergencias con la circuncisión, su carácter de cuestión de género y la jurisprudencia que atañe a la materia.

Por último, sobre los contenidos analizados se plantean conclusiones y propuestas que se corresponda con la visión constructiva de la que se parte y que toma una opción radical por la dignidad y por tanto por la libertad de la mujer.

Capítulo I

El lenguaje como elemento determinante

Una primera referencia a la cuestión del lenguaje y la terminología es necesaria puesto que en el resto de los aspectos tratados van a tener importancia las consideraciones que previamente realicemos sobre el mismo para enmarcar adecuadamente la materia.

Cuando se tratan cuestiones de género en relación con el lenguaje lo habitual es la referencia al lenguaje no sexista cuya importancia y reflejo en el campo jurídico cuenta ya con numerosas vías de constatación, así de un modo muy directo y concreto el hecho de que el Consejo General del Poder Judicial editó una guía en la que se establecen las pautas sobre el sexismo en el lenguaje en la administración de justicia. En esta guía la adecuación del lenguaje jurídico a la igualdad desde una perspectiva de género aparece y se implanta en las diferentes administraciones e instituciones públicas. Del mismo modo las leyes también hacen referencia a esta cuestión y se han multiplicado las guías sobre el uso del lenguaje no sexista, sobre todo, en el ámbito público/administrativo. Los ejemplos en el ámbito jurídico se multiplican y como muestra la realización ya en el año 2011 del estudio "Lenguaje jurídico y género", investigación promovida por la Comisión de Igualdad del Consejo General del Poder Judicial[2], o las jornadas en la

---

2 La Comisión de Igualdad asesora al Pleno sobre las medidas necesarias o convenientes para integrar activamente el principio de igualdad entre mujeres y hombres en el ejercicio de las atribuciones

materia como la que se celebró desde el Consejo General de la Abogacía Española en el IV Congreso de Derechos Humanos de la Abogacía Española donde se presentó la Guía "Enfoque de Género en la Actuación Letrada. Una Guía práctica para abogados"[3].

---

del Consejo General del Poder Judicial, así como elaborar los informes previos sobre impacto de género de los reglamentos y mejorar los parámetros de igualdad en la Carrera. "Lenguaje jurídico y género" Poder Judicial, año 2011 y también sobre las normas mínimas aprobadas para el uso del lenguaje inclusivo http://www.poderjudicial.es/cgpj/es/Temas/Igualdad-de-Genero/Normas-minimas-lenguaje-inclusivo/.

3 IV Congreso de Derechos Humanos de la abogacía española. Derechos Humanos, *Derechos en igualdad*, 13, 14 de diciembre de 2017. https://www.abogacia.es/site/conferencia-anual-abogacia-2017/iv-congreso-de-derechos-humanos-de-la-abogacia-espanola/

El congreso establece algunos objetivos que recogemos pues resultan de interés para comentarios posteriores como la importancia del enfoque de género.

"La igualdad efectiva entre hombres y mujeres es un objetivo que desde la Abogacía Española queremos contribuir a lograr. Por ello, este IV Congreso de Derechos Humanos de la Fundación Abogacía está dedicado a analizar las luces y sombras en nuestra profesión en materia de Igualdad y a impulsar la incorporación del enfoque de género en la actuación letrada.

La justicia de género tiene como propósito eliminar las desigualdades entre mujeres y hombres que se producen en la familia, la comunidad, el ámbito laboral y el estado. Ello requiere que las instituciones —desde las que administran justicia hasta las encargadas de diseñar políticas públicas— rindan cuentas sobre la atención que dedican a evitar la injusticia y la desigualdad.

Desde la Abogacía nos parece imprescindible aprender a identificar y eliminar prejuicios y estereotipos que mantienen y reproducen distintos modos de discriminación. Por ello, queremos transmitir a nuestras compañeras y compañeros la importancia de incluir el enfoque de género en nuestras actuaciones en calidad de operadores jurídicos, para utilizar el derecho como un mecanismo generador de mayor justicia e igualdad. Nuestra actuación

Pero no es este aspecto sobre el lenguaje no sexista el que para nosotros tiene más interés aunque sea uno de los que han tomado mayor difusión. Resulta mucho más destacada *la importancia del lenguaje en referencia a su incidencia en la conciencia y en la libertad.* Este aspecto es, en realidad, el que hace que el anterior tenga importancia verdadera. El lenguaje incide en la forma de pensar y también a la inversa, es reflejo de la mentalidad y por tanto también la conforma, de ahí que no se trate de un elemento neutro, expresa lo que es quien habla, como piensa, su estructura mental y también tiene el sentido inverso, la forma de hablar conforma las mentalidades. Klemperer se pronuncia sobre como la fuerza modeladora de la lengua sobre las conciencias puede constituir un elemento de control o de libertad, así en el primer sentido los ejemplos son tanto reales como de ficción con la misma fuerza unos que otros, como los del comunismo en Rusia y el nazismo en Alemania, usando ambos el lenguaje como instrumento de control y en el ámbito de la ficción, lo plasman de modo genial Aldous Huxley y Orwell en sus obras "Un mundo feliz" y "1984"[4].

---

produce un impacto en la vida de las personas y en la sociedad, por lo que es primordial que asumamos la responsabilidad de usar el derecho como promotor de un cambio social que favorezca relaciones de equidad y no discriminación".

4 "La antigua idea de que las palabras tienen poderes mágicos es falsa; pero esa falsedad implica distorsión de una verdad muy importante. Las palabras tienen un efecto mágico... las palabras son mágicas por la forma en que influyen en la mente de quienes las usa" Aldous Huxley. Citado en ESPINOSA, A., "El lenguaje como campo de batalla. Comentarios Editoriales sobre el texto", en *Subordinaciones invertidas. Sobre el derecho a la identidad de género,* SALDIVIA MENAJOVSKY, L., ediciones UNGS, Ciudad de México, 2017, p.9. KLEMPERER, V., *La Lengua del Tercer Reich. Apuntes de un filólogo,* Editorial Minúscula, 2001, Barcelona.

En relación al lenguaje y a las cuestiones en torno a la mujer y sobre todo el género hay que tener en consideración que la frontera entre lo conveniente y lo obligado, entre la elección social en el uso del lenguaje y la imposición publica por el poder político o por fuerzas sociales de un lenguaje nos sitúa en la frontera que incide en el campo de la libertad de expresión y, aún más, de la libertad de pensamiento, debiendo siempre protegerse un campo esencial de libertad, también en el uso del lenguaje, que no este impuesto coactivamente. En los procesos impositivos el control sobre la forma de hablar estructura el pensamiento de quien es obligado a usar un determinado lenguaje y además se puede a través de los mismos vaciar de contenido o subvertir el significado de las palabras también dentro de esta manipulación a través del lenguaje. A estos procesos son sensibles de modo especial aquellos ámbitos que usan un lenguaje en el que los términos están llenos de matices y significaciones propias, en el que entraría de lleno el lenguaje religioso o espiritual es decir el usado en los ámbitos religiosos. El contexto en el que se usa el lenguaje también es importante a la hora de atribuirle un significado y que este pueda ser entendido de modo discriminatorio o no. Veremos un ejemplo de ello en el uso de términos cuyo sentido varía de modo significativo según en el contexto en el que se use, variando si este es religioso o perteneciente al campo de las creencias o no[5].

Como marco definitorio y de partida un apunte sobre los términos que se utilizan en la materia objeto de tratamiento. Así el género es un factor cultural que otorga un rol diferenciado y desigual a las personas basándose en un elemento biológico el

---

[5] Nos referimos concretamente al uso del término sumisa en la publicación " Cásate y se sumisa " que analizamos en las siguientes páginas.

sexo[6]; "es una construcción social de una cierta identidad que reposa sobre el sexo"[7], no es innata, luego se adquiere. Por otro lado, sexo apunta a los datos biológicos del cuerpo humano y el sexismo según el diccionario jurídico de la RAE se define como discriminación de las personas por razón de sexo[8], siguiendo este hilo la igualdad se traduce en la no discriminación por razón de sexo. Sin embargo, estos significados son sólo algunos de los posibles dentro de los actualmente manejados, así el significado del término género no es unívoco, sino todo lo contrario ha evolucionado y además se usa con diferentes sustratos conceptuales. De este modo el termino género ha pasado de identificar sexo y género en el que se correspondía con una subordinación dentro del contexto del patriarcado, de tal manera que sexo y género otorgaban los roles sociales a otras identificaciones, a incorporar otros significados o dividirse en otros que corresponden, en un caso, al enfoque de la ideología de género y en otro al enfoque relacional, o dualista, lo que nos llevará a tener que distinguir entre perspectiva de género e ideología de género[9].

En la ideología de género se subvalora o elimina la diferencia entre sexos, no siendo este, es decir el dato biológico relevante,

---

6 Astola Madariaga, J., "El género en el lenguaje jurídico: utilización formal y material", *Feminismo/s,* 2008, pp. 33-54,.

7 Martín García, M.M., "Derecho y mujer. Anotaciones breves sobre la ideología de género, "*Anuario de Derecho Eclesiástico del Estado,* vol. XXXII, 2016, p. 609.

8 En el diccionario jurídico de la R.A.E. también se define el género como atributos socialmente construidos, roles, actividades y responsabilidades, y necesidades predominantemente relacionadas con la pertenencia al sexo masculino o femenino en determinadas comunidades o sociedades en un momento dado.

9 Miranda- Novoa Miranda, M., "Diferencia entre la perspectiva de género y la ideología de género", *Díkaion,* año 26, núm. 2, Chía, Colombia, Diciembre 2012, p.342.

no opera el sexo, lo biológico en relación a la igualdad, sino el patriarcado, de modo que el género es exclusivamente cultural y no se le otorga conexión con el dato biológico, llevando a que la identidad sexual no se liga a los factores biológicos, sino que es también una construcción[10]. Se recoge esta concepción en el preámbulo de los conocidos como Principios de Yogyakarta que afirman que "la orientación sexual se refiere a la capacidad de cada persona de sentir una profunda atracción emocional, afectiva y sexual por persona de un género diferente al suyo, o de su mismo género o de las de un género, así como a la capacidad de mantener relaciones íntimas y sexuales con estas personas", la identidad de género se configura, por lo tanto, como la vivencia interna e individual del género tal y como cada persona la siente profundamente, pudiendo no corresponderse con el sexo "asignado" en el nacimiento, esa vivencia personal del cuerpo puede suponer la modificación mediante medios médicos o quirúrgicos y otras expresiones de género como la vestimenta o el modo de hablar o los modales. Estos principios fueron redactados a instancias de la solicitud efectuada por Louise Arbour, ex Alto Comisionado de las Naciones Unidas para los Derechos Humanos hacia finales del año 2006 y presentado ante el Consejo de Derechos Humanos de la ONU en 2007. Los elaboraron un grupo de especialistas

---

[10] MARTÍN GARCÍA, M. M., op.cit, pp. 609 y 622. La autora plantea de modo muy acertado como se pretende la deconstrucción del derecho para conseguir la igualdad. En la cita que realiza de Siverino Bavio, la identidad sexual estaría constituida por la identidad de género como convicción intima de pertenecer a uno y otro sexo, independientemente de las característica cromosómicas y somáticas, el rol de género en relación a la expresión de masculinidad o feminidad de un individuo según las reglas sociales y la orientación sexual según las preferencias sexuales del sujeto; por tanto las referencias a esa identidad son subjetivas a la voluntad en la de género y orientación y son sociales en relación al rol, no se plantea según esto a consideración el dato objetivo y neutro como resulta ser el biológico.

en diversas disciplinas científicas, un total de 29, de diversos países y recogen una serie de directrices, primero veintinueve y luego ampliadas en 2017 a treinta y ocho en Yogyakarta "Plus 10". Pese a no tener valor jurídico su pretensión era guiar la interpretación y aplicación del ius cogens en materia de derechos humanos fundamentales en relación a campos y materias en torno a la orientación sexual o identidad de género.

Por el contrario, desde una perspectiva de género, con un enfoque relacional, se valoraría la diferencia sexual, que el dato biológico sigue siendo relevante y que se tengan en cuenta aspectos de la feminidad, en la igualdad, no en la diferencia[11].

La eliminación del elemento biológico, supone que la sexualidad entendida desde el dato material, científico y objetivo, no sea considerada en las formulaciones de la identidad sexual y de la orientación sexual. Prescindir del dato biológico es una interpretación de la sexualidad, acientífica e ideológica y sobre ello podemos usar las palabras que recoge Marsall de Arendt Hannah, "la ideología no es la ingenua aceptación de lo visible, sino su inteligente destitución[12].

De acuerdo con lo explicado afrontaremos el tratamiento del tema sobre la base de considerar que el género se refiere al papel, rol, función que se desempeña en la sociedad y que es desigual en función del sexo, de tal modo que la referencia al sexismo se encuadra lógicamente y específicamente en la discriminación en función del sexo y se basa en el hecho de la discriminación. Optamos por la consideración del hecho objetivo, del hecho y certeza que proporciona el dato biológico, en

---

11 Miranda- Novoa Miranda, M., op.cit, p. 345.

12 Marsall C., "Los principios de Yogyakarta: derechos humanos al servicio de la ideología de género", *Díkaion*, año 25, vol. 20, núm. 1, Chía Colombia, junio 2011, p. 124. y 123. Nota 6, donde cita a Arendt, Hannah, *Los orígenes del totalitarismo*, Madrid. Alianza, 2002, p. 696.

relación al término sexo y sexismo en su utilización en el campo jurídico, ya que no depende de voluntades o subjetivismos, la opción responde también al uso preciso del lenguaje que no induzca a confusión o a interpretaciones diversas[13]. El derecho es o debe ser y tender a la certeza y el dato material, biológico en relación al sexo, es una de ellas. Es el enfoque relacional, por ello el que mejor se corresponde con el texto constitucional y la legislación española, que también será el que se aplique al entendimiento del tratamiento jurídico del hecho religioso. La realidad es que el hecho material, biológico no se puede negar ni obviar, y que a partir del mismo se han construido desigualdades jurídicas que hay que corregir para lo que no es necesario negar la realidad[14].

---

[13] La presencia del subjetivismo y el deseo como fuente de la norma, PUPPINCK G., *Mi deseo es la ley. Los derechos del hombre sin naturaleza*, Encuentro, Madrid, 2020.

[14] MARTÍN GARCÍA, M. M., op.cit., p. 611

Capítulo II

Libertad religiosa y género en perspectiva jurídica

El análisis de la relación entre libertad religiosa y género, al plantearse en estas líneas desde una perspectiva jurídica, nos lleva a comenzar exponiendo la normativa que configura el marco de desarrollo del tratamiento de las cuestiones de género objeto de estudio, realizando para ello primero una mirada, en sus referencias básicas, a la normativa internacional, europea y española y al papel relevante e imprescindible que en su impulso tiene Naciones Unidas.

1. REFERENCIAS INTERNACIONALES

En el ámbito internacional las referencias parten de la igualdad y no discriminación que como principios y derechos están reconocidos en los tratados y acuerdos internacionales fundamentales. La Declaración de Derechos Humanos de 1948 de 18 diciembre recoge: "Todos los seres humanos nacen libres e iguales en dignidad y derechos» y «toda persona tiene todos los derechos y libertades proclamados en esta Declaración, sin distinción alguna de raza, color, sexo, idioma, religión...o cualquier otra condición".

Esta idea de dignidad de la persona, igualdad y no discriminación se concreta en relación a la mujer en la Convención sobre la eliminación de todas las formas de discriminación contra la mujer de 1979 que reza: "Considerando que la Carta de las Naciones Unidas reafirma la fe en los derechos humanos fundamentales, en la dignidad y el valor de la persona humana y en la igualdad de derechos de hombres y mujeres, (...)Considerando que la Declaración Universal de Derechos Humanos reafirma el principio de la no discriminación y proclama que todos los seres humanos nacen libres e iguales en dignidad y derechos y que toda persona puede invocar todos los derechos y libertades proclamados en esa Declaración, sin distinción alguna y, por ende, sin distinción de sexo" y "Considerando que los Estados Partes en los Pactos Internacionales de Derechos Humanos tienen la obligación de garantizar a hombres y mujeres la igualdad en el goce de todos los derechos económicos, sociales, culturales, civiles y políticos"[15]. Estableciéndose como

---

[15] Y continua en materia de igualdad de derechos hombre y mujer "Teniendo en cuenta las convenciones internacionales concertadas bajo los auspicios de las Naciones Unidas y de los organismos especializados para favorecer la igualdad de derechos entre el hombre y la mujer,

Teniendo en cuenta asimismo las resoluciones, declaraciones y recomendaciones aprobadas por las Naciones Unidas y los organismos especializados para favorecer la igualdad de derechos entre el hombre y la mujer,

Preocupados, sin embargo, al comprobar que a pesar de estos diversos instrumentos las mujeres siguen siendo objeto de importantes discriminaciones,

Recordando que la discriminación contra la mujer viola los principios de la igualdad de derechos y del respeto de la dignidad humana.".

Estableciendo la regulación en los siguientes artículos:

"Artículo 15. 1. Los Estados Partes reconocerán a la mujer la igualdad con el hombre ante la ley.

2. Los Estados Partes reconocerán a la mujer, en materias civiles, una capacidad jurídica idéntica a la del hombre y las mismas oportunidades para el ejercicio de esa capacidad.

16. 1. Los Estados Partes adoptarán todas las medidas adecuadas para eliminar la discriminación contra la mujer en todos los asuntos relacionados con el matrimonio y las relaciones familiares y, en particular, asegurarán en condiciones de igualdad entre hombres y mujeres: a) El mismo derecho para contraer matrimonio; b) El

instrumento posteriormente la Convención sobre la eliminación de todas las formas de discriminación contra la mujer de Nueva York 1999[16].

El papel de la ONU es central en la materia ya que es el organismo internacional que vertebra el impulso de las acciones generalizadas en todos los países en políticas de género e igualdad en los diferentes campos. Por ello realizamos un breve recorrido por su acción donde destacan los siguientes hitos: durante su primer año de vida el Consejo Económico y Social fundó la Comisión de la Condición Jurídica y Social de la Mujer como el principal organismo internacional e intergubernamental para la creación de políticas dedicadas exclusivamente a la promoción de la igualdad de género y el empoderamiento de la mujer. Esta Comisión desempeña una labor crucial en la promoción de los derechos de la mujer, documenta la realidad que viven las mujeres en todo el mundo y elabora normas internacionales en materia de igualdad de género y empoderamiento de las mujeres. Consigue, por ejemplo, el uso neutro

---

mismo derecho para elegir libremente cónyuge y contraer matrimonio sólo por su libre albedrío y su pleno consentimiento; c) Los mismos derechos y responsabilidades durante el matrimonio y con ocasión de su disolución; d) Los mismos derechos y responsabilidades como progenitores,
2. No tendrán ningún efecto jurídico los esponsales y el matrimonio de niños y se adoptarán todas las medidas necesarias, incluso de carácter legislativo, para fijar una edad mínima para la celebración del matrimonio y hacer obligatoria la inscripción del matrimonio en un registro oficial. https://www.ohchr.org/es/instruments-mechanisms/instruments/convention-elimination-all-forms-discrimination-against-women

16 Instrumento de Ratificación del Protocolo Facultativo de la Convención sobre la eliminación de todas las formas de discriminación contra la mujer, hecho en Nueva York el 6 de octubre de 1999 Jefatura del Estado, BOE núm. 190, de 9 de agosto de 2001. TOL.157.248.

de la lengua en cuanto al género para la redacción de la Declaración Universal de Derechos Humanos.

Un lugar común en esta materia es la referencia a los ya mencionados principios de Yogyakarta de 2007[17] que tienen

---

17 http://yogyakartaprinciples.org/principles-sp/about/. Consultado el 04/09/23. Así el principio 21. El derecho a la libertad de pensamiento, de conciencia y de religión
Toda persona tiene derecho a la libertad de pensamiento, de conciencia y de religión, con independencia de su orientación sexual o identidad de género. Estos derechos no pueden ser invocados por el Estado para justificar leyes, políticas o prácticas que nieguen el derecho a igual protección de la ley o que discriminen por motivos de orientación sexual o identidad de género.
Los Estados:
A. Adoptarán todas las medidas legislativas, administrativas y de otra índole que sean necesarias a fin de asegurar el derecho de las personas, con independencia de su orientación sexual o identidad de género, a profesar y practicar creencias religiosas y no religiosas, ya sea solas o en asociación con otras personas, a que no haya injerencias en sus creencias y a no sufrir coerción o imposición de creencias;
B. Velarán por que la expresión, práctica y promoción de diferentes opiniones, convicciones y creencias concernientes a asuntos relacionados con la orientación sexual o la identidad de género no se lleven a cabo en una manera que sea incompatible con los derechos humanos.
Y el Principio 19. El derecho a la libertad de opinión y de expresión
Toda persona tiene derecho a la libertad de opinión y de expresión, con independencia de su orientación sexual o identidad de género. Esto incluye la expresión de la identidad o la personalidad mediante el lenguaje, la apariencia y el comportamiento, la vestimenta, las características corporales, la elección de nombre o por cualquier otro medio, como también la libertad de buscar, recibir e impartir información e ideas de todos los tipos, incluso la concerniente a los derechos humanos, la orientación sexual y la identidad de género, a través de cualquier medio y sin consideración a las fronteras.

Los Estados:

A. Adoptarán todas las medidas legislativas, administrativas y de otra índole que sean necesarias a fin de garantizar el pleno goce de la libertad de opinión y de expresión, respetando los derechos y libertades de otras personas, sin discriminación por motivos de orientación sexual o identidad de género, incluyendo la recepción y entrega de información e ideas relativas a la orientación sexual y la identidad de género, además de las relacionadas con la promoción y defensa de los derechos legales, la publicación de materiales, la difusión, la organización de conferencias o participación en estas, así como la diseminación de información sobre relaciones sexuales más seguras y el acceso a ella;
B. Asegurarán que los productos y la organización de los medios de comunicación que son regulados por el Estado sean pluralistas y no discriminatorios en lo que respecta a asuntos relacionados con la orientación sexual y la identidad de género, como también que en el reclutamiento de personal y las políticas de promoción, dichas organizaciones no discriminen por motivos de orientación sexual o identidad de género
C. Adoptarán todas las medidas legislativas, administrativas y de otra índole que sean necesarias a fin de asegurar el pleno disfrute del derecho a expresar la identidad o la personalidad, incluso a través del lenguaje, la apariencia y el comportamiento, la vestimenta, las características corporales, la elección de nombre o cualquier otro medio;
D. Asegurarán que las nociones de orden público, moralidad pública, salud pública y seguridad pública no sean utilizadas para restringir, en una forma discriminatoria, ningún ejercicio de la libertad de opinión y de expresión que afirme las diversas orientaciones sexuales o identidades de género;
E. Velarán por que el ejercicio de la libertad de opinión y de expresión no viole los derechos y libertades de las personas en toda su diversidad de orientaciones sexuales e identidades de género;
F. Garantizarán que todas las personas, con independencia de su orientación sexual o identidad de género, gocen de acceso, en igualdad de condiciones, a la información y las ideas, así como a la participación en debates públicos.

como fin la aplicación de los derechos humanos en relación con la orientación sexual y la identidad de género, pero que carecen de carácter jurídico[18] y que fueron acordados por un "Panel internacional de especialistas en legislación internacional de derechos humanos y en orientación sexual e identidad de género, entre los que se incluyen relatores y miembros de comités de la ONU[19], sin que fueran aprobados por la ONU ni como Convenio internacional. Sin embargo, si han revelado tener una importante difusión e influencia como pone de manifiesto Marsall y es que se han asumido como una prioridad en las iniciativas desde las políticas estatales[20]. Estos principios establecen que el ejercicio de la libertad de expresión no viole los derechos y libertades de las personas en cuanto a toda su diversidad de orientaciones sexuales e identidades de género, llevando consigo la idea de nuevos delitos, y es esto

---

18 No faltan argumentos que sustentan la eficacia de estos principios y su valor jurídico como derecho blando. Zappino Vulcano, V., "Reflexiones sobre la naturaleza jurídica de los Principios de Yogyakarta y su gravitación en el sistema interamericano de Derechos Humanos", *Revista Integración Regional y Derechos Humanos, Revista del Centro de Excelencia Jean Monnet Universidad de Buenos Aires – Argentina* Segunda época Antigua Revista Electrónica de la Cátedra Jean Monnet (2013–2019), año VIII, 2, 2, 2020, p. 290. Para ello se refiere a que el orden internacional actual no constituye un sistema cerrado en el que existe un número determinado y limitado de modos de creación de normas jurídicas, pudiendo acordarse nuevas normas que eliminen el riesgo de disociación derecho/realidad lo que lleva a la idea del derecho blando.

19 Marsall C., "Los principios de Yogyakarta: derechos humanos al servicio de la ideología de género ", *Díkaion*, año 25, vol. 20, núm. 1, Chía Colombia, junio 2011, p. 124.

20 Ibid., pp.128, 129. Entre otros hace referencia a la ley 3/2007, de 15 de marzo, reguladora de la rectificación registral de la mención relativa al sexo de las personas, por lo que se puede solicitar cambio de sexo y nombre en el Registro Civil con un informe médico o psicológico.

lo destacable ya que se concretarían en la discrepancia con la ideología de género[21]. Elemento relevante es, en estos principios, el considerar como definen los conceptos de identidad sexual y de género pues estos son los que determinan como concreción de la igualdad y no discriminación recogida como derecho humano, pero que ellos trasladan a estos dos conceptos identidad sexual y género. De acuerdo con los principios de Yogyakarta, recordamos que ya nos hemos referido a qué estos entienden por orientación sexual la capacidad de cada persona de sentir una profunda atracción emocional, afectiva y sexual por personas de un sexo diferente o de un mismo sexo o de más de un sexo, así como a la capacidad de tener relaciones íntimas y sexuales con estas personas. Se entiende por identidad de género la profundamente sentida experiencia interna e individual del género de cada persona, que podría corresponder o no con el sexo asignado al momento del nacimiento, incluyendo el sentido personal del cuerpo (que, de tener la libertad para escogerlo, podría involucrar la modificación de la apariencia o la función corporal a través de medios médicos, quirúrgicos o de otra índole) y otras expresiones de género, incluyendo el vestido y el modo de hablar.

Siguiendo un orden cronológico, posteriormente, dentro de la ONU, en 2010, se crea ONU Mujeres por la Asamblea General en votación unánime, lo que supondrá la existencia de un único organismo de la ONU encargado de acelerar el progreso sobre la igualdad de género y el empoderamiento de la mujer fusionando cuatro instituciones y organismos internacionales: el Fondo de Desarrollo de las Naciones Unidas para la Mujer (UNIFEM), la División para el Adelanto de la Mujer (DAM), la Oficina del Asesor Especial en Cuestiones de Género y el Instituto Internacional de Investigaciones y Capacitación para la Promoción de la Mujer. La materia tendrá otro

---

21 Ibid., p.127

impulso significativo en los objetivos de desarrollo sostenible[22] dentro de los que encontramos el denominado objetivo de género que busca "Lograr la igualdad de género y empoderar a todas las mujeres y las niñas".

En este recorrido, desde el inicio las conferencias sobre la mujer han constituido un elemento vertebrador, así, las Naciones Unidas han organizado cuatro conferencias mundiales sobre la mujer, la primera en Ciudad de México en 1975, la segunda en Copenhague en 1980, la tercera en Nairobi en 1985 y la cuarta en Beijing en 1995. Está ultima supondrá un impulso definitivo en la materia ya que se adoptó de forma unánime por 189 países la Declaración y Plataforma de Acción de Beijing como programa para el empoderamiento de la mujer, estableciendo unos ejes estratégicos como objetivos que son: mujer y pobreza, educación y capacitación, salud, violencia, conflictos armados, economía, ejercicio del poder y toma de decisiones, mecanismos institucionales, derechos humanos, medios de difusión, mujer y medio ambiente y niña. A la última de las conferencias le seguirán unos exámenes quinquenales según decisión del año 2000 y a cuya evaluación se denominó "La mujer en el año 2000: igualdad entre los géneros, desarrollo y paz para el siglo XXI". En 2010 se aprueba, durante el 54° periodo de sesiones de la Comisión una declaración en la que se acogían con beneplácito los progresos realizados con el fin de lograr la igualdad de género, y se comprometían a adoptar nuevas medidas. Finalmente en 2015 se celebra la denominada sesión Beijing +20 en la que se insiste en la línea de informar de las deliberaciones y exhortar a los Estados miembros a evaluar y realizar exámenes sobre los objetivos marcados[23].

---

22 Son un total de diecisiete Objetivos de Desarrollo Sostenible (ODS).

23 Disponible en ONU Mujeres: https://www.unwomen.org/es/how-we-work/intergovernmental-support/world-conferences-on-women consultado el 03/10/23.

Por su parte en el espacio europeo, la Unión europea ha tenido entre sus principios y objetivos la igualdad siendo numerosas las directivas, recomendaciones, resoluciones y decisiones relativas a la igualdad de trato y oportunidades entre mujeres y entre hombres y mujeres y no discriminación, así como programas de acción comunitaria. El Tratado de la Unión Europea en su artículo 2 incluye referencia específica a la igualdad entre el hombre y la mujer como misión de la Comunidad y en el artículo 3.2 se incorpora el objetivo de eliminar las desigualdades entre el hombre y la mujer y promover su igualdad, que deberá inspirar todas las acciones y políticas comunitarias. En la Carta de los Derechos Fundamentales de la Unión Europea se establecen tanto el principio de igualdad ante la ley como la prohibición de discriminación. El artículo 23 se dedica a la igualdad entre mujeres y hombres y a las acciones positivas como medidas compatibles con la igualdad de trato. Por su parte el artículo 8 otorgó a la Unión el cometido de eliminar las desigualdades entre hombres y mujeres y promover su igualdad a través de todas sus acciones[24]. De modo más específico en la Declaración n.19 aneja al Acta Final de la Conferencia Intergubernamental del Tratado de Lisboa se asume combatir la violencia doméstica en todas sus formas, prevenir y castigar estos actos delictivos y, prestar apoyo y protección a las víctimas, como concreción de estas acciones.

Las Resoluciones sobre la materia son numerosas, así la Resolución del parlamento europeo del 11/06/1986, sobre agresiones a la mujer, resolución del 10/07/1997 sobre la mutilación Genital femenina en Egipto, Resolución del 25/10/2001 sobre mujeres y el fundamentalismo, Resolución

---

[24] Artículo 8 (antiguo artículo 3, apartado 2, TCE) (1) En todas sus acciones, la Unión se fijará el objetivo de eliminar las desigualdades entre el hombre y la mujer y promover su igualdad. DOUE 30/03/2010.

del 06/02/2006 sobre la situación actual en la lucha contra la violencia ejercida contra las mujeres y futuras acciones, Resolución de 21/01/2021, sobre la estrategia de la Unión para la igualdad de género y la Resolución de 10/03/2022, sobre el Plan de Acción en materia de Género de la UE III.

Las Directivas también se multiplican en la materia por lo que citamos algunas a modo de ejemplo: Directiva del Consejo, de 27 de noviembre de 2000, relativa al establecimiento de un marco general para la igualdad de trato en el empleo y la ocupación Comunidades Europeas[25]; Directiva del Parlamento Europeo y del Consejo, de 23 de septiembre de 2002, relativa a la aplicación del principio de igualdad de trato entre hombres y mujeres en lo que se refiere al acceso al empleo, a la formación y a la promoción profesionales, y a las condiciones de trabajo, Directiva del Consejo de 13 de diciembre de 2004, por la que se aplica el principio de igualdad de trato entre hombres y mujeres al acceso a bienes y servicios y su suministro Unión Europea[26]; Directiva del Parlamento Europeo y del Consejo, de 5 de julio de 2006, relativa a la aplicación del principio de igualdad de oportunidades e igualdad de trato entre hombres y mujeres en asuntos de empleo y ocupación[27]; Directiva del Parlamento Europeo y del Consejo, de 7 de julio de 2010, sobre la aplicación del principio de igualdad de trato entre hombres y mujeres que ejercen una actividad autónoma.

Constituye un hito importante el Reglamento del Parlamento Europeo y del Consejo, de 20 de diciembre de 2006, por el que se crea un Instituto Europeo de la Igualdad de Género[28]

---

[25] DOUE núm. 303, de 2 de diciembre de 2000.

[26] DOUE núm. 373, de 21 de diciembre de 2004.

[27] DOUE núm. 204, de 26 de julio de 2006.

[28] DOUE núm. 403, de 30 de diciembre de 2006. Otras referencias: Directiva 79/7/CEE del Consejo, de 19 de diciembre de 1978, relativa a la aplicación progresiva del principio de igualdad de trato

con el objetivo general de contribuir a fomentar y reforzar la igualdad entre hombres y mujeres, con medidas como la integración de la dimensión de género en todas las políticas

---

entre hombres y mujeres en materia de seguridad social; Directiva 92/85/CEE del Consejo, de 19 de octubre de 1992, relativa a la aplicación de medidas para promover la mejora de la seguridad y de la salud en el trabajo de la trabajadora embarazada, que haya dado a luz o en período de lactancia; Directiva 2010/18/UE del Consejo, de 8 de marzo de 2010, por la que se aplica el Acuerdo marco revisado sobre el permiso parental, celebrado por Businesseurope, la Ueapme, el CEEP y la CES, y se deroga la Directiva 96/34/CE; Directiva 2011/36/UE del Parlamento Europeo y del Consejo, de 5 abril de 2011, relativa a la prevención y lucha contra la trata de seres humanos y a la protección de las víctimas y por la que se sustituye la Decisión marco 2002/629/JAI del Consejo: esta Directiva dispone la aproximación de las sanciones por la trata de seres humanos en los distintos Estados miembros y de las medidas de apoyo destinadas a las víctimas, y pide a los Estados miembros que estudien "la adopción de medidas para tipificar penalmente el uso de servicios que son objeto de explotación (...) a sabiendas de que la persona es víctima de la trata", a fin de desalentar la demanda; también crea la función de Coordinador de la Unión para la lucha contra la trata de seres humanos; Directiva 2011/99/UE del Parlamento Europeo y del Consejo, de 13 de diciembre de 2011, por la que se crea la orden europea de protección," destinada a proteger a una persona contra actos delictivos de otra que puedan poner en peligro su vida, su integridad física o psicológica y su dignidad, su libertad individual o su integridad sexual", y se faculta a una autoridad competente de otro Estado miembro para mantener la protección de la persona en el territorio de ese otro Estado miembro; esta Directiva se ve reforzada por el Reglamento (UE) n.°606/2013 del Parlamento Europeo y del Consejo, de 12 de junio de 2013, relativo al reconocimiento mutuo de medidas de protección en materia civil, que garantiza el reconocimiento de dichas medidas en toda la Unión; Directiva 2012/29/UE del Parlamento Europeo y del Consejo, de 25 de octubre de 2012, por la que se establecen normas mínimas sobre los derechos, el apoyo y la protección de las víctimas de delitos, y por la que se sustituye la Decisión marco 2001/220/JAI del Consejo.

nacionales y de la Unión. Este Instituto lucha asimismo contra la discriminación por razón de sexo y promueve la sensibilización sobre la igualdad entre hombres y mujeres mediante la prestación de asistencia técnica a las instituciones de la Unión. Un aspecto importante lo constituye la financiación en relación a la cual se articula el marco financiero plurianual (MFP 2014-2020) y el programa "Derechos, Igualdad y Ciudadanía que establece la financiación de proyectos que tengan por objeto lograr la igualdad de género y poner fin a la violencia contra las mujeres, por el que se establece el programa "Derechos, Igualdad y Ciudadanía"[29]. También se establecen estrategias de igualdad por parte del Consejo de Europa que determina la lucha contra el sexismo como una forma de incitar al odio e integrarlo dentro de las acciones para luchar contra la discriminación e incitación al odio en la Estrategia de igualdad de género 2014-1017 que y la nueva Estrategia de igualdad de Género 2018-2023[30].

Otros hitos lo constituyen la Carta de la Mujer y el Compromiso estratégico para la igualdad de género 2016-2019 aprobada por la Comisión en marzo de 2010, para promover de forma más eficaz la igualdad entre mujeres y hombres en Europa y en el mundo y la adopción por el Consejo del Plan de Acción en materia de género 2016-2020 que destaca la necesidad de conseguir plenamente el disfrute íntegro y en condiciones de igualdad de todos los derechos humanos y las libertades fundamentales por parte de las mujeres y las niñas, así como la consecución del objetivo de la igualdad de género y el empoderamiento de las mujeres y las niñas.

Por su parte la OSCE reconoce que la igualdad de derechos entre hombres y mujeres es fundamental para fomentar

---

29 Reglamento n.º 1381/2013.

30 https://rm.coe.int/estrategia-de-igualdad-de-genero-del-coe-es-msg/16808ac960Una. Consultado el 21/10/23.

la paz, la democracia y el desarrollo económico sostenibles. Este organismo tiene en sus objetivos ofrecer igualdad de oportunidades a mujeres y a hombres, e integrar la igualdad de género en las políticas y las prácticas, contando para ello con la colaboración de socios locales. Esta organización elabora y dirige proyectos en toda región de la OSCE destinados a empoderar a las mujeres, y a fomentar las capacidades y los conocimientos especializados sobre cuestiones de género en lo local. Colabora en esta tarea con las autoridades revisando la legislación y ayudando a crear mecanismos nacionales que garanticen la igualdad entre mujeres y hombres. También la Asamblea Parlamentaria ha nombrado a una Representante Especial para Cuestiones de Género, cuyo cometido es incorporar la perspectiva de género en las decisiones, los informes y las resoluciones de la Asamblea[31].

2. REFERENCIAS ESPAÑOLAS

En el marco jurídico español los principios y el derecho de igualdad y no discriminación presentes en el mismo son compartidos con las constituciones de la mayoría de los Estados. Las referencias constitucionales y normativas básicas en esta materia son la Constitución artículos 1.1, 9, 10, 14[32] y la Ley

---

31 Decisión Nº 638 plan de acción 2004 de la OSCE para el fomento de la igualdad entre los géneros https://www.osce.org/es/gender-equality. Consultado el 04/08/23.

32 La Constitución Española, proclama en su artículo 14, como valor superior del ordenamiento jurídico, la igualdad ante la ley, sin que pueda prevalecer discriminación alguna por razón de sexo. Por su parte, el artículo 9.2 establece la obligación de los poderes públicos de promover las condiciones para que la libertad y la igualdad del individuo y de los grupos en que se integra sean reales y efectivas. A estos preceptos constitucionales hay que unir la cláusula de apertura a las normas internacionales sobre derechos y libertades contenida

Orgánica 3/2007 de 22 de marzo, para la igualdad efectiva de mujeres y hombres[33] que en su Exposición de Motivos recoge como uno de sus objetivos "La ordenación general de las políticas públicas bajo la óptica del principio de igualdad y la perspectiva de género, plasmándose en el establecimiento de criterios de actuación de todos los poderes públicos en los que se integra activamente, de un modo expreso y operativo, dicho principio". Aunque no suele referirse también tiene relevancia, ya que plasma de modo muy concreto la igualdad, la reforma del artículo 68 del Código Civil mediante la Ley 13/2005 de 1 de julio, por la que se modifica el Código Civil en materia de derecho a contraer matrimonio, con la que queda redactado del siguiente modo: "Los cónyuges están obligados a vivir juntos, guardarse fidelidad y socorrerse mutuamente, deberán además, compartir, las responsabilidades domésticas y el cuidado y atención de ascendientes y descendientes y otras personas dependientes a su cargo"[34]. También hay que destacar que en su momento se creó un Consejo Asesor para la revisión de la Ley de Enjuiciamiento Criminal desde una perspectiva de género[35], y no puede faltar la referencia a la ley Orgánica 1/2004, de 28 de diciembre, de Medidas de Protección Integral contra la Violencia de Género[36] por ser una norma que incorpora sustanciales modificaciones

en el artículo 10.2, las previsiones del artículo 96, integrando en el ordenamiento interno los tratados internacionales publicados oficialmente en España; y el artículo 93, autorizando las transferencias de competencias constitucionales a las organizaciones supranacionales mediante la aprobación de una ley orgánica.

33 BOE núm. 71, de 23 de marzo de 2007. Profundiza en la legislación positiva. TOL1.042.650.

34 BOE núm. 157 de 2 de julio 2005. TOL652.277.

35 Orden JUS/902/2018, de 31 de agosto, por la que se publica el Acuerdo del Consejo de Ministros de 31 de agosto de 2018. BOE núm. 212, de 1 de septiembre de 2018. TOL6.748.883-

36 BOE núm. 313, de 29 de diciembre de 2004. TOL518.787-

legislativas para avanzar en la igualdad real de mujeres y hombres y en el ejercicio pleno de los derechos e implementa medidas transversales que inciden en todos los órdenes de la vida política, jurídica y social, a fin de erradicar las discriminaciones contra las mujeres. Las medidas legislativas también tienen su concreción en el ámbito autonómico donde se aprueba numerosa normativa en el mismo sentido[37].

En el ámbito penal, merece la pena destacar la inclusión con la reforma de 2015 en el Código de las causas de género. En este sentido y al margen de las críticas que suscita el artículo 510 en relación a la tipificación de los delitos de odio y la limitación que implican a la libertad de expresión, también es objeto de reflexión y crítica la conveniencia o no de la inclusión de los motivos de género en el mismo y su distinción de los motivos de sexo. Se manifiesta a favor de la misma alguna

---

[37] A modo de ejemplo la referencia en la comunidad autónoma andaluza en la Ley 12/2007, de 26 de noviembre, para la promoción de la igualdad de género en Andalucía. BOE núm. 38 Miércoles 13 febrero 2008 que recoge que "en Andalucía, la integración de la perspectiva de género ha supuesto avances muy importantes, siendo claros ejemplos la obligatoriedad del informe de evaluación de impacto de género en los proyectos de ley y reglamentos aprobados por el Consejo de Gobierno y el enfoque de género en los presupuestos de la Comunidad Autónoma, según han establecido los artículos 139 y 140 de la Ley 18/2003, de 29 de diciembre, de medidas fiscales y administrativa". Por su parte en su articulado se establece el "El impulso de las relaciones entre las distintas Administraciones, instituciones y agentes sociales sustentadas en los principios de colaboración, coordinación y cooperación, para garantizar la igualdad entre mujeres y hombres" "La adopción de las medidas necesarias para eliminar el uso sexista del lenguaje, y garantizar y promover la utilización de una imagen de las mujeres y los hombres, fundamentada en la igualdad de sexos, en todos los ámbitos de la vida pública y privada". "La adopción de las medidas necesarias para permitir la compatibilidad efectiva entre responsabilidades laborales, familiares y personales de las mujeres y los hombres en Andalucía".

doctrina considerando que la no discriminación por razones de género justifica la necesidad de intervención desde el ámbito penal[38].

Mencionar por las referencias en el ámbito internacional realizadas anteriormente el hecho de que con la ley 3/2007, de 15 de marzo, reguladora de la Rectificación Registral de la mención relativa al sexo de las personas, se inicia un recorrido, en el que luego se ha profundizado, en línea de los mencionados principios de Yogyakarta, siendo punto de arranque de un camino legislativo que tendrá desarrollo en la legislación española con la Ley Para la igualdad efectiva de las personas trans y para la garantía de los derechos de las personas LGTB[39].

3. EJES PARA UN ANÁLISIS

Recapitulando sobre las medidas y las disposiciones expuestas vemos que como fundamento de la igualdad de género está el principio y el derecho de igualdad y no discriminación. Este es el que desde el punto de vista jurídico construye lo referido al género ya que se acompaña de la igualdad o de la no discriminación, que no son sino dos caras de la misma moneda en un sentido positivo la igualdad y en un sentido negativo la no discriminación. Puesto que partimos de la igualdad y la no discriminación en un campo concreto que es el referido al sexo, (el género es una concreción social/cultural/elaborada y no dada de la situación en la que se encuentran los sujetos en relación a su sexo), recordar que la igualdad y no discriminación toman su fundamento en la idea de dignidad de la persona,

---

38 SOUTO GALVÁN, B., "Discurso del odio: género y libertad religiosa", *Revista General de Derecho Penal* 23, 2015, p. 40.

39 Ley 4/2023 de 28 de febrero, BOE núm.51 de 1/03/2023. TOL9.421.382.

raíz de los derechos humanos. Hay un derecho a la igualdad en perspectiva de género, hay unos motivos de discriminación, esto es desigualdad en razón de una causa que es el género, en definitiva, lo que hay es un derecho a no ser discriminado en razón del género que no es sino expresión del principio general de la igualdad plasmado en un rasgo/situación concreta. En esto hay diferencia con otros derechos así *en el caso de la libertad religiosa hay un derecho a la igualdad y no discriminación por razón de religión, pero también hay un derecho de libertad religiosa. En el caso del género se trata de la desigualdad en razón de la construcción social por razón de género. Si hablamos de derecho a la identidad sexual (género) estamos entrando en otra materia que no pertenece al ámbito de los derechos humanos*[40] *y por lo tanto no equiparable al derecho de libertad religiosa.*

Los elementos para el tratamiento de la materia serían en nuestro marco jurídico constitucional y desde la perspectiva de la libertad religiosa los principios de nuestro sistema, libertad,

---

40 Salazar Benítez, O., "La identidad de género como derecho emergente", *Revista de Estudios políticos(nueva época)*, 169, Madrid, julio -septiembre- 2015, pp. 75-107, en concreto pp. 84 y 87. Se ocupa de recoger como se proclaman en los derechos estatutarios unos derechos que sin embargo según el Tribunal Constitucional no son derechos subjetivos si no simples mandatos a los poderes autonómicos. Así se incluye la igualdad de género como un eje trasversal de las políticas públicas. También se refiere a como la orientación sexual no tiene referencia en las Constitución española y se ha incorporado al ordenamiento por vía legislativa y jurisprudencial. El autor aboga por que el ordenamiento no se encorsete por categorías culturales e incluso clínicas, para el autor la identidad de género estaría dentro de las circunstancias personales y sociales a que se refiere el artículo 14 de la Constitución al prohibir tratos discriminatorios, suponiendo su conexión con el artículo 9.2 el impedir discriminación y el promover medidas para compensar las situaciones históricas. El mismo autor reconoce que sigue primando una concepción biológica del sexo.

justicia, igualdad y pluralismo político y el concepto recogido en la Declaración Universal de los Derechos Humanos y los tratados internacionales sobre la libertad religiosa y la igualdad y no discriminación[41], rezando la primera en su artículo 18, "Toda persona tiene derecho a la libertad de pensamiento, de conciencia y de religión, este derecho incluye la libertad de cambiar de religión o de creencia, así como la libertad de manifestar su religión o su creencia, individual y colectivamente, tanto en público como en privado, por la enseñanza, la práctica, el culto y la observancia", así el mismo concepto por el Convenio Europeo para la protección de los Derechos Humanos y de las Libertades Fundamentales de 1950 en su artículo 9 y por el Pacto Internacional de Derechos Civiles y Políticos firmado en Nueva York el 19 de diciembre de 1966 y ratificado por España en 1977, en su artículo 18.

Se trata, por lo tanto, la libertad religiosa de un derecho humano y, como veremos, de un derecho fundamental exigible al Estado en su garantía y protección, de aplicación inmediata. En concreto en nuestro texto constitucional, el artículo 16 se ocupa de la libertad ideológica, religiosa y de conciencia: "Se garantiza la libertad ideológica, religiosa y de culto de los individuos y las comunidades sin más limitación, en sus manifestaciones, que la necesaria para el mantenimiento del orden público protegido por la ley. 2. Nadie podrá ser obligado a declarar sobre su ideología, religión o creencias. 3. Ninguna confesión tendrá carácter estatal. Los poderes públicos tendrán en cuenta las creencias religiosas de la sociedad española y mantendrán las

---

41 Art. 2: Toda persona tiene todos los derechos y libertades proclamados en esta declaración, sin distinción alguna de raza, color, sexo, idioma, religión, opinión política...Art. 7: lo reitera desde el principio de igualdad. Todos son iguales ante la ley y tienen, sin distinción derecho a igual protección de la ley, Todos tienen derecho a igual protección contra toda discriminación que infrinja esta declaración y contra toda provocación a tal discriminación.

consiguientes relaciones de cooperación con la Iglesia Católica y las demás confesiones". Puede además considerarse, aunque no hay unidad sobre ello, un derecho prestacional de acuerdo con el inciso del artículo 16.3 y con el artículo 9.2 del propio texto Constitucional, interpretación esta última a la que nos adherimos. Su dimensión prestacional supone la obligación de favorecer y adoptar las condiciones necesarias para que el ejercicio de la libertad religiosa sea real y efectiva y crear las condiciones sociales para que este derecho sea reconocido, tutelado y promovido ya que no es la libertad religiosa un principio limitativo sino un valor de la máxima extensión de la libertad. En la caracterización que nuestro sistema constitucional dibuja de la libertad religiosa por lo tanto hay una doble exigencia, de neutralidad de los poderes públicos, y de cooperación de los poderes públicos con las confesiones religiosas. Así ordena mantener las consiguientes relaciones de cooperación lo que no es sino la idea de laicidad positiva. Como derecho subjetivo en la esfera externa faculta a los ciudadanos para actuar conforme a sus convicciones y mantenerlas frente a terceros con plena inmunidad de coacción con desarrollo en el art 2.1 de la Ley Orgánica de Libertad Religiosa[42]. De enorme importancia es que el Estado no puede ser cotitular en el acto de fe o en la creencia, lo que no queda simplemente en que no puede existir confesionalidad sino que tampoco puede haber declaración negativa respecto a las creencias religiosas, agnosticismo, ateísmo o indiferencia ya que en cualquiera de estas opciones estaría existiendo coacción/ sustitución de la acción de los ciudadanos en la elección de sus creencias. Es un derecho que ha pasado de ser frente al Estado a un derecho en el Estado, por lo que no es un mero límite, sino que controla la acción positiva de los poderes públicos para facilitar la participación

---

[42] Ley Orgánica 7/1980, de 5 de julio, de Libertad Religiosa. BOE núm.177, de 24/07/1980. TOL7.171.

de los ciudadanos y el ejercicio real y efectivo de sus derechos. Por tanto, se configura un marco positivo de la libertad religiosa en nuestra Constitución en el que las relaciones de cooperación encuentran su razón de ser, de modo que lo que se valora de manera positiva es la consecución real de la protección y promoción de la libertad religiosa.

Esta vertiente externa y colectiva de las creencias religiosas a la que hemos hecho referencia y por lo tanto de la libertad religiosa no presenta, en principio, problema para su asunción y comprensión teórica; otra cuestión es su reconocimiento práctico y su identificación plena en la realidad social. Así la práctica religiosa como parte de la religión es un elemento que suelen olvidarse al identificar las creencias religiosas con cosmología y moralidad vinculadas por una vida ultraterrena[43]. A esto hay que añadir que la práctica religiosa como parte de la vertiente comunitaria y social de la religión unidas en el elemento de la sacralidad no se entienden sin lo afectivo, sin la motivación humana, presente de manera constitutiva en las religiones, siendo por ello que no resulta vacía su consideración por el derecho[44].

Para los aspectos concretos que vamos a tratar en las siguientes páginas es necesario considerar qué límites son los que se permiten por el ordenamiento al ejercicio del derecho de libertad religiosa. Siguiendo la DUDH su artículo 29.2 determina que únicamente este ejercicio está sujeto a limitaciones establecidas por ley y con el fin de asegurar el respeto de los derechos y de los demás y de las exigencias de la moral,

---

43 ARIAS MALDONADO. M., en " La religión dentro de los límites de la mera emoción", blog : *Torre de Marfil, RDL, Revista de libros*, Segunda Época, p. 2, diciembre 2017 cita a Crane en relación a la práctica religiosa como elemento fundamental de la religión que suele olvidarse.

44 IDEM.

orden público y bienestar en general en una sociedad democrática. En la Constitución el artículo 16 recoge como limite el orden público protegido por la ley y lo desarrolla el artículo 3 de la LOLR, debiendo realizarse la interpretación de estos límites de una forma restrictiva[45].

La dignidad de la persona es también, como en relación a la igualdad y no discriminación de la mujer a la que ya hemos hecho referencia, la premisa jurídica en la interpretación y entendimiento de la relación género y libertad religiosa. El concepto jurídico de la dignidad no es unívoco y resulta complejo de precisar como ocurre con otros términos fundamentales en las ciencias humanas y concretamente en el derecho y en esta complejidad hay que considerar además que el término tiene su origen en el lenguaje moral y desde ahí ingresa en el lenguaje jurídico[46]. La dignidad de la persona sitúa a la misma en el centro, así en la DUDH en su preámbulo y en su artículo uno se refiere a qué esta es condición para la justicia y la paz y los derechos humanos, que tiene carácter esencial y también relacional, esto es "la persona lo es sólo en medio de los otros y para los otros[47]" lo que resulta clave en la consideración de

---

45 "Artículo 3.1. El ejercicio de los derechos dimanantes de la libertad religiosa y de culto tiene como único límite la protección del derecho de los demás al ejercicio de sus libertades públicas y derechos fundamentales, así como la salvaguardia de la seguridad, de la salud y de la moralidad pública, elementos constitutivos del orden público protegido por la Ley en el ámbito de una sociedad democrática.". CONTRERAS MAZARÍO, J., *Derecho y factor religioso*, Tirant lo Blanch, Valencia 2015, p. 75.

46 COFRÉ LAGOS, J. O., "Los Términos "Dignidad" y "Persona". Su Uso Moral y Jurídico. Enfoque Filosófico", *Rev. derecho (Valdivia)* [online]. 2004, vol. 17 p2. Disponible en: <https://scielo.conicyt.cl/scielo.php?script=sci_arttext&pid=S0718-09502004000200001&lng=es&nrm=iso>. http://dx.doi.org/10.4067/S0718-09502004000200001.

47 IBID., p. 3.

la igualdad de género. La dignidad en su vertiente externa se va a manifestar en la libertad de conciencia, por tanto en la libertad religiosa. *La dimensión relacional aludida resulta fundamental* cuando nos situamos en el ámbito jurídico, supone que *la dignidad de la persona*, en toda su complejidad y *con las diferentes dimensiones que comprende, en la que se encuadra la religiosa, se enriquece en la vida social y polític*a[48] en la que por tanto necesita expresarse.

La consideración de la dignidad de la persona como elemento del que partimos para realizar un entendimiento de la relación entre libertad religiosa y género se realiza teniendo en cuenta su papel en nuestro texto constitucional y el valor que ello le otorga desde el punto de vista jurídico; papel que no puede ignorarse como sucede cuando se realiza una interpretación aislada de los elementos que están en relación en esta exposición. El texto constitucional establece en el artículo 10.1 que la dignidad de la persona junto con los derechos inviolables que le son inherentes, el libre desarrollo de la personalidad y el respeto a la ley y los derechos de los demás son fundamento del orden político y la paz social. Así la idea de dignidad de la persona establecida en este artículo no es un derecho fundamental estricto sensu[49], sino que su valor podría expresarse como de un mayor calado jurídico en el sentido de que es el núcleo axiológico y valor jurídico fundamental del orden constitucional, que es como ha sido caracterizado por el Tribunal Constitucional; y es que al positivarse la dignidad de la persona en el texto constitucional se convierte en norma jurídica inmediata que afecta a la interpretación del ordenamiento jurídico. La dignidad de la persona y su reconocimiento constitucional, al igual que en otras constituciones europeas que reflejan la influencia de la Ley Fundamental de Bonn, supone

---

48 IBID., pp. 9,10 .

49 Auto TC 149/1999.

un valor añadido en el caso español ya que es la base de la paz social, en el entendimiento de la sociedad de que se inicia una nueva etapa que también se produce en el plano jurídico.

En el marco necesario para una correcta interpretación de la libertad religiosa y su relación con mujer y género, en España, hay que considerar que la neutralidad del Estado y la separación con las Iglesias y Confesiones tiene su concreción jurídica en la autonomía de los grupos religiosos, garantía de la libertad religiosa y de la laicidad en sentido positivo. Es el artículo 6 de la LOLR el que la recoge de manera expresa y garantiza la libertad de gestión y el funcionamiento independiente de los poderes públicos. Este aspecto es fundamental para entender algunas cuestiones relativas al género y a la igualdad de la mujer en el marco de la libertad religiosa y en los aspectos institucionales relativos a la estructura y funcionamiento de los grupos religiosos. Es por ello que, de acuerdo con esta autonomía, que no hace sino proteger la libertad del individuo, es donde encuentra explicación el hecho de que sea difícil encontrar grupos y comunidades religiosas en todo el mundo donde exista una total equiparación entre la mujer y el varón[50].

Recapitulando sobre lo expuesto, las cuestiones de género desde el punto de vista jurídico se concretan en la igualdad y no discriminación, desarrollándose estos principios, que se fundamentan en la dignidad de la persona, en diversas normativas y actuaciones que tratan de hacer real la igualdad y no discriminación en relación a la posición jurídica de la mujer por el hecho de serlo. En relación a la libertad religiosa esta es un derecho humano y un derecho fundamental que en el

---

50 En este sentido MARTÍNEZ-TORRÓN , J., "La igualdad de sexos en el sistema acordado de relaciones entre el Estado español y confesiones religiosas", *Aequalitas; revista jurídica de igualdad de oportunidades entre mujeres y hombres,* 10-11,2002, pp.61-67.

caso español goza de una consideración positiva que deriva de un sistema personalista. La dignidad de la persona como base y raíz de los derechos reconocidos en la constitución española es por tanto también el fundamento básico de la libertad religiosa, mereciendo el máximo nivel de protección. Por tanto *la libertad religiosa es un derecho humano y fundamental y la igualdad de género es la concreción de un principio y de un derecho humano y fundamental más amplio como es el de igualdad y no discriminación, ambos con fundamento en la dignidad de la persona.*

Como ya se adelantaba en la introducción las cuestiones relativas a la mujer y el género en relación con la libertad religiosa son diversas y amplias, hecho que viene determinado por la interdisciplinariedad y la transversalidad de los contenidos que afectan al hecho religioso y de los que se ocupa como disciplina jurídica el Derecho Eclesiástico del Estado. Este en su objeto no se limita a actos típicos, sino que las creencias religiosas al estar radicadas en la conciencia del individuo y configurar su manera de concebir y ver el mundo determinan sus actuaciones en distintos planos de su vida, es decir no se reduce la trascendencia del hecho religioso a los actos de culto o manifestaciones estrictamente religiosas, sino que abarca muy diversos comportamientos de la vida de la persona. Esto no es sino coherente con el hecho de que las creencias religiosas están referidas a la conciencia del individuo, nos sitúan en relación a la manera y modo en que el individuo se posiciona ante el mundo y su comprensión del mismo, siendo determinantes de los más variados comportamientos de la persona en su vida social, individual y colectiva.

Es curioso que, pese a las implicaciones y la relevancia del factor religioso, del hecho religioso en las cuestiones relativas al género, sin embargo se puede observar una ausencia de la perspectiva que aporta el derecho eclesiástico del Estado en las mismas. Esto se constata en muy distintos ámbitos, así a modo de ejemplo en su ausencia en los másteres de género que con enorme profusión existen en España y que abarcan muy diferentes perspectivas incluidas aquellas que corresponden al campo del derecho y también las interdisciplinares que comprenden los aspectos jurídicos. Si se escudriñan de manera detallada los programas de todos estos másteres, o de otros cursos y especializaciones en género, no se encuentra la perspectiva del derecho eclesiástico del Estado, en definitiva, no se encuentra la presencia y análisis del factor religioso en una perspectiva jurídica e interdisciplinar. Esta situación comprende la existencia de un vacío, un déficit que pone de manifiesto algo tan relevante como que no se incluye la perspectiva especializada del derecho, pese a que el elemento religioso, el hecho religioso está presente en todas estas especializaciones, pero no desde el punto de vista de la libertad religiosa y la libertad de creencias, cuando sin embargo, debería ser un pilar fundamental. Lo mismo se puede decir de los cursos y formación de políticas de igualdad y no discriminación que reciben tanto el personal del sector público como el de las empresas y el sector privado.

Los aspectos referidos de interdisciplinariedad, transversalidad y referencia a la conciencia presentan una doble cara a la hora de establecer un enfoque y tratamiento desde el género e igualdad. Una que, al estar situados en los aspectos más íntimos del individuo y por la importancia de las cuestiones a tratar y enseñar suscita interés no sólo académico sino personal y humano. La otra cara es que es fácil que se pierda el enfoque jurídico de las cuestiones tratadas y que la valoración de los casos se contamine con razonamientos más morales, éticos e ideológicos que jurídicos. Por esto el hilo de este estudio tiene dos pilares fundamentales, el derecho de libertad religiosa y el derecho de igualdad y no discriminación, este último en relación al sexo y al género. Todo aquello que se refiere a la libertad religiosa y también todo aquello que se refiere a cuestiones de género se sitúa en un campo de tentación permanente de un tratamiento más ideológico que jurídico. Por ello optamos por una opción que calificaría como radical, en su valoración/significado positivo, por el enfoque jurídico, como un criterio claro en el tratamiento de los casos sobre los que se reflexionará. En coherencia con esto no se trata de realizar una valoración de los aspectos dogmáticos o teológicos de las creencias religiosas, sino de examinar aquellas cuestiones del hecho religioso que tienen relevancia jurídica desde el punto de vista del derecho del Estado y que inciden en la temática de la igualdad de la mujer y del género. El planteamiento huye de los análisis que parten de una crítica negativa como el realizado por Tamayo cuando afirma el papel negativo de las religiones en relación a la discriminación de género al decir que "las religiones son uno de los lugares donde las mujeres sufren una de las más radicales experiencias de silenciamiento, discriminación e invisibilización"[51], sino que se trata de un planteamiento que denominaré constructivo y que contempla la materia desde el derecho de libertad religiosa en todas sus dimensiones, esto es ejercicio, protección y límites. Se justifica el tratamiento, tanto en el derecho de libertad religiosa de las mujeres como en los contenidos dogmáticos y sobre todo antropológicos de las religiones y en que estos tienen una trascendencia en el modo de contemplar/entender a la mujer y las cuestiones de género, así como en el ejercicio de las opciones personales y colectivas de los creyentes de acuerdo con las mismas. *El situar el eje en la libertad religiosa como derecho humano y fundamental supone asumir una valoración positiva y por lo tanto constructiva que se enfoca en levantar sociedades desde los principios constitucionales, los derechos humanos y los derechos fundamentales y no desde otros enfoques o incluso*

---

51 TAMAYO, J.J., "Discriminación de las mujeres y violencia de género en las religiones", F*undación Carolina* , Madrid 27 de junio de 2011.https://usuaris.tinet.cat/teo_alli/forum13/docs/tamayo1.pdf . Consultado 05/07/2023. "Las religiones contra la teoría de género", VLEX, pp. 123 138 , en TAJAHUERCE ANGEL , I. A., Y RÁMIREZ RICO, E., (DIR. TAMAYO, J.J.)"La intervención en violencia de género desde diversos ámbitos", ed. Dykinson, Madrid, 2018.

desde derechos no fundamentales que den por superados a los primeros. Y es que el abandono de los derechos humanos en el derecho puede llevar a un retroceso en la senda de las libertades conquistadas, por lo que la libertad religiosa debe seguir siendo desde el punto de vista axiológico y jurídico un elemento directriz sobre otros que, dignos de consideración, no pueden convertirse en el centro del razonamiento jurídico y de una sociedad más justa para la mujer. En esta línea se sitúa el Compromiso de Nueva York que celebra el 75 aniversario de la DUDH en la sede de ONU, con el respaldo de más de 200 líderes políticos y cívicos de 40 países participantes de la V Cumbre Transatlántica, con el objetivo de rescatar el sentido original de la DUDH[52].

Por el contrario aquellos planteamientos que pretenden la deconstrucción del derecho por considerar que parte de postulados patriarcales en los que el sexo responde a elementos biológicos y no a construcciones sociales[53]*, resultan planteamientos con un enfoque negativo, que no*

---

52 El Compromiso de Nueva York pretende formar una alianza global en favor de los derechos humanos y las libertades fundamentales consagrados y universalmente reconocidos en la DUDH, trabajando para, entre otras cuestiones, que se respete la libertad de los padres y tutores legales de brindar la educación religiosa y moral de sus hijos conforme a sus propias convicciones y para promover el respeto de los diversos valores religiosos y éticos, antecedentes culturales y convicciones filosóficas de los pueblos del mundo. Se produjo en el marco de la V Cumbre Transatlántica, convocada bajo el lema "Afirmar los Derechos Humanos Universales – Uniendo Culturas por la Vida, la Familia y las Libertades", que tuvo lugar el 16 y 17 de noviembre en la sede la ONU, en el marco del 75 aniversario de la DUDH. https://politicalnetworkforvalues.org/2023/12/el-compromiso-de-nueva-york-rescatara-el-sentido-original-de-la-declaracion-universal-de-derechos-humanos/ .Consultado el 20/01/24.

53 Martín García, M. M., Derecho y mujer, "Anotaciones breves sobre la ideología de género", *Anuario de derecho eclesiástico del Estado, vol. XXXII*, 2016, pp. 607-623.

son sino un enfoque de género totalizante, que destruye ámbitos de libertad y autonomía del individuo alcanzados desde el derecho y que protegen precisamente frente a las imposiciones estatales y de las ideologías y grupos imperantes, estos enfoques matan la diversidad y el pluralismo. Pluralismo, recordemos, proclamado en nuestro sistema como principio axiológico en el artículo 1.1 de la Constitución. Por ello *abogamos por otro camino que es el de la construcción y la valoración positiva que nos ofrece el derecho y que en las cuestiones de género implica considerar la riqueza en su entendimiento, incorporar la perspectiva de género que valora la diferencia en la igualdad y que tiene en cuenta al elemento biológico dentro del enfoque de género. Quiere esto decir que se asuma que dentro de las cuestiones de género es posible el entendimiento desde distintos modelos y no el cerrarlo a aquel que opta por el subjetivismo y el imperio de la voluntad frente al dato.* La diversidad y el pluralismo también deberían operar aquí. *De cara a la libertad religiosa y su ejercicio, supone que dentro de la asunción de situaciones de desigualdad derivadas de los roles sociales vividos o trasmitidos culturalmente, es posible partiendo del elemento de la naturaleza considerar la promoción de la igualdad en la diferencia, sin perder la identidad. Este planteamiento permitiría colaborar, de manera positiva con los grupos y responsables religiosos en políticas de igualdad y género y desarrollar una legislación respetuosa con las diferentes opciones religiosas y diferentes modelos de igualdad de género.* La valoración y el respeto por las distintas concepciones podría ser utilizada como un elemento en favor de la igualdad real y eliminaría el riesgo de criminalizar penalmente o administrativamente otras visiones de las cuestiones de género.

Capítulo III

Mujer, género y libertad de expresión

Establecidas las consideraciones previas sobre la diversidad de posiciones en relación a la mujer y a las cuestiones de género y su valoración desde los Derechos Humanos y Derechos Fundamentales, así como desde los principios constitucionales, sin por ello negar el debate sobre la materia, se analiza el tratamiento jurídico de esta diversidad a través del ejercicio del derecho de libertad de expresión y su relación con la libertad religiosa.

Recordamos el carácter preminente de las libertades de expresión, creación artística e información como garantías institucionales del sistema democrático y por lo tanto su carácter preferente. El Tribunal Constitucional así lo reconoce en cuanto que ocupan una posición prevalente entre los derechos y libertades de la persona teniendo como fundamento la posibilidad de que exista una opinión publica libre, radicando esto en el hecho de que no es posible sin estas libertades y por lo tanto garantiza la existencia del propio sistema democrático, lo que no quiere decir que no quepa la disidencia con el mismo o con los valores del mismo, ya que no tenemos una democracia que exija la militancia en la misma de acuerdo con la doctrina del Tribunal Supremo y del Tribunal Constitucional[54]. Es por

---

54 TS 259/2001, de 12 de abril, FJ 7. TOL4.964.846. Sobre ello la sentencia relativa al genocidio en el caso Violeta Friedman, donde el antiguo artículo 607 del Código Penal fue declarado inconstitucional en relación a aquellas doctrinas que negasen el genocidio,

ello que, según el Tribunal Constitucional, los poderes públicos no pueden impedir o controlar o seleccionar la circulación publica de ideas o doctrinas por ser esto un sustrato del sistema democrático[55] y que las interpretaciones sobre las limitaciones a la libertad de expresión deban ser restrictivas, incluidas las de la libertad de expresión religiosa. Según el Tribunal Europeo de Derechos Humanos, en adelante TEDH, entre los límites que se pueden establecer a la libertad de expresión estarían los que se basan en motivos discriminatorios y siempre que fueran necesarios en una sociedad democrática; así que *la injuria, ridiculización o difamación a ciertas partes de la población y sus grupos o la incitación es suficiente para limitar, pues esto alteraría la paz social*[56]. Hay que recordar, sin embargo, dentro de este marco el principio de intervención mínima del derecho penal, en base al que, para algunos autores, hay vulneración con la creación de delitos de peligro y la protección de bienes colectivos[57].

En el análisis del ejercicio de la libertad de expresión se tratarán los discursos y manifestaciones en un doble sentido, por un lado en el realizado por/desde las creencias religiosas y por otro lado el realizado sobre las mismas y sus manifestaciones. En relación al primer grupo, desde las creencias religiosas son abundantes los casos en los que se realizan referencias a

---

porque la negación es simplemente una trasmisión de ideas, que aunque sean rechazables no constituyen delito de odio, en la misma se afirma que la libertad de expresión ampara las dudas y opiniones sobre la actuación nazi respecto a los judíos y los campos de concentración, amparándose en el derecho a la libertad de expresión y a la libertad ideológica STC 214/1999, de 11 de noviembre.

55 STC 235/2007 de 7 de noviembre. TOL1.179.105.

56 STEDH 1999/22, caso Bladet Tromso y Stensaas contra Noruega de 20 de mayo 1999.

57 PORTILLA CONTRERA, G., "Principio de intervención mínima y bienes jurídicos colectivos", *Revista de Derecho Penal y Criminología,* 39, 1989, pp.723-748.

cuestiones relativas a la mujer y al género con un papel preponderante de los ministros confesionales, y en el segundo, desde otros ámbitos e instancias no confesionales, son abundantes las referencias a lo religioso, discursos, dogmas, doctrina y figuras religiosas todo ello con muy diversos sentidos y en los que predomina lo sexual, como pondremos de manifiesto.

1. LIBERTAD DE EXPRESIÓN DESDE LO CONFESIONAL O RELIGIOSO

Presentamos el análisis de documentos, publicaciones, etc. realizados desde lo confesional, considerando la repercusión que han tenido en la que destaca el juego de derechos y para ello comenzamos por unos ejemplos que se concretan en el formato de libro e incluimos también manifestaciones de ministros de culto con repercusiones en distintos ámbitos.

a. Libros

En primer lugar, haremos referencia a dos casos de publicaciones realizadas desde instancias confesionales/religiosas, para ello nos detenemos en dos libros editados en la comunidad autónoma andaluza por varias razones: su repercusión jurídica y social, porque en los dos se plantean cuestiones referidas a las creencias religiosas y la igualdad de la mujer, porque ambos fueron objeto de denuncias y porque además tuvieron numerosas críticas sociales y políticas[58]. El recorrido jurídico

---

[58] En el ámbito de la comunidad autónoma andaluza al que se refieren destacar que la normativa específica es la Ley 12/2007, de 26 de noviembre, para la promoción de la igualdad de género en Andalucía. BOE núm. 38 miércoles 13 febrero 2008. TOL1.210.884. Concretamente en el ámbito de los medios de comunicación y de

de cada una fue sin embargo muy diferente, como se explicará, lo que permite que se realice el análisis y comprensión de los

---

la publicidad las referencias a los artículos 57 y 58 en el capítulo VIIII sobre Imagen y medios de comunicación. Artículo 57. Imagen de la mujer y del hombre. 1. Los poderes públicos de Andalucía promoverán la transmisión de una imagen igualitaria, plural y no estereotipada de los hombres y de las mujeres en todos los medios de información y comunicación, conforme a los principios y valores de nuestro ordenamiento jurídico y las normas específicas que les sean de aplicación. 2. A tales efectos se considerará ilícita, de conformidad con lo previsto en la legislación vigente en esta materia, la publicidad que atente contra la dignidad de la persona o vulnere los valores y derechos reconocidos en la Constitución, especialmente los que refieren sus artículos 18 y 20, apartado 4. Se entenderán incluidos en la previsión anterior los anuncios que presenten a las mujeres de forma vejatoria, bien utilizando particular y directamente su cuerpo o partes del mismo como mero objeto desvinculado del producto que se pretende promocionar, su imagen asociada a comportamientos estereotipados que vulneren los fundamentos de nuestro ordenamiento, coadyuvando a generar la violencia a que se refiere la Ley Orgánica 1/2004, de 28 de diciembre, de medidas de protección integral contra la violencia de género. 3. El Consejo Audiovisual de Andalucía, en el cumplimiento de las funciones que tiene asignadas, contribuirá a fomentar la igualdad de género y los comportamientos no sexistas en los contenidos de las programaciones ofrecidas por los medios de comunicación en Andalucía, así como en la publicidad que emitan. Artículo 58. Medios de comunicación social. 1. Los medios de comunicación social, cuya actividad se encuentre sujeta al ámbito competencial de la Comunidad Autónoma de Andalucía, promoverán la aplicación de un uso no sexista del lenguaje e impulsarán la transmisión de una imagen de las mujeres y los hombres libre de estereotipos sexistas. Los medios de comunicación social adoptarán mediante autorregulación códigos de conducta, con el fin de asumir y transmitir el principio de igualdad de género. Asimismo, colaborarán con las campañas institucionales dirigidas a fomentar la igualdad entre mujeres y hombres y la erradicación de la violencia de género.

elementos jurídicos en juego y se explique por qué existen diferencias en la valoración judicial de los dos casos.

El libro "La mujer en el islam" tiene por autor al imán Mohamed Kamal y fue publicado en 1997, teniendo dos ediciones, la segunda del año 2000 con 1668 ejemplares y distribución gratuita. El autor con un perfil de autoridad reconocida en materia religiosa, era director del centro cultural islámico Sohail y desde 1997 era asesor de la federación española de entidades religiosas islámicas en calidad de experto en teología islámica. La obra trata múltiples aspectos de la mujer, así su papel en la familia, como madre, hermana, hija, la obediencia al marido, el divorcio, el repudio, la oración y el ayuno. Un grupo de asociaciones de mujeres se querellaron contra el autor por considerar que el libro incitaba a la violencia y a la discriminación[59]. En concreto lo denunciaron por el delito recogido en el artículo 510. 1° del código Penal con agravante de abuso de superioridad[60]. La valoración judicial que se hizo del libro se centra en el capítulo titulado "cuestiones dudosas" algunas de cuyas afirmaciones constituyen para el juez mensajes contrarios a la igualdad de los cónyuges a que se refiere el código civil y rozan lo intolerable desde el punto de vista penal. El reproche penal se concreta solo en las páginas referidas en

59 Acusación popular fueron la Federación de Asociaciones de Mujeres Separadas y Divorciadas, el Consejo de la Mujer de la Comunidad de Madrid y la asociación de asistencia a mujeres agredidas sexualmente.

60 El vigente en ese momento artículo 510.1 del código penal rezaba: "los que provocaren a la discriminación al odio o a la violencia contra grupos o asociaciones, por motivos racistas antisemitas u otros referentes a la ideología religión o creencias, situación familiar, la pertenencia de sus miembros a una etnia o raza, su origen nacional, su sexo, orientación sexual, enfermedad o minusvalía serán castigados con la pena de prisión de uno a tres años y multa de seis a doce meses".

el epígrafe de "los malos tratos" donde describe una serie de medidas y el carácter simbólico del castigo físico por el marido, así como las condiciones en las que debe ejercerse o no. Lo califica el autor como un maltrato psicológico/moral vaciado de significado de medida represiva. En concreto reproducimos algunas de las afirmaciones del texto[61]:

---

[61] Los pasajes citados se insertan en el siguiente texto que se reproduce para una idea más fiel del mismo "¿Tiene el hombre derecho a pegar a su mujer?: Esta es una pregunta que, en nuestra calidad de teólogos, hemos escuchado en numerosas ocasiones. Indudablemente se trata de una pregunta malintencionada o, al menos, incompleta. Sería más conveniente formularla de la siguiente manera: ¿Cómo debe tratar el marido a su mujer si ésta se equivoca y cómo ha de comportarse la mujer cuando el marido comete alguna falta? La religión islámica ha decretado los siguientes pasos para la conciliación entre los cónyuges:
Primero : de parte del hombre hacia su mujer:
(a) La exhortación: el diálogo y las palabras serenas, así como la exhortación son la primera vía de conciliación a la que el hombre ha de echar mano para tratar a su mujer rebelde o que se niega a cumplir su débito conyugal.
(b) Si el diálogo sereno y la exhortación no desembocan en el resultado esperado, puede recurrir a otra medida disciplinaria: el abandono. Pero nos referimos únicamente al abandono del lecho matrimonial. Efectivamente, el hombre y la mujer, según las costumbres del Islam, han de pernoctar juntos en la misma cámara y se impide al cónyuge pasar la noche fuera de la habitación que comparte con su esposa para que los hijos no se vean afectados por las discordias de sus progenitores. Pues, siendo el objetivo la manifestación del enfado, la permanencia del hombre dentro de la cámara conyugal puede contribuir a disipar las tensiones y favorecer la pronta reconciliación entre la pareja.
La mujer ha sido y sigue siendo objeto de los malos tratos y de las palizas por parte del hombre. Incluso, tanto en los países más avanzados como en los menos desarrollados, las sevicias contra las mujeres no han desaparecido. Tal vez, las presiones y tensiones provocadas por el ritmo alocado y vertiginoso de la vida moderna tengan algo de culpa en este fenómeno. Pero, existen también bastantes casos

---

de mujeres que maltratan a sus esposos y recientemente ha surgido en Holanda una agrupación llamada la Asociación de los Esposos Maltratados. A nuestro juicio, el vínculo conyugal es una relación que se basa en el mutuo respeto y cuando se viene abajo este respeto, la vida familiar pierde toda su credibilidad. A lo largo de la Historia humana, las religiones y las legislaciones hasta hoy en día no han conseguido acabar con este fenómeno. Pese a todas las normativas existentes, de carácter legal o no, que denuncian el recurso a los malos tratos, las sevicias siguen siendo una realidad cotidiana. Recordemos que el Profeta —la paz sea con él— desaconsejó a una mujer que se casase con un hombre que era conocido por sus vejaciones a las mujeres.

Hemos de reconocer que los ideales trazados por las religiones chocan frontalmente con la realidad imperante, por tanto el Islam interviene para imponer unos límites que convierten la paliza en un simple sufrimiento simbólico sin excesos. Además, el juez o el tutor están habilitados para tomar medidas disciplinarias contra el agresor. Y aunque, se menciona en un versículo coránico el castigo físico no significa que el Islam lo consiente, más bien es una escala de medidas que los hombres puedan tomar contra sus esposas en un sentido positivo y limitándose a su dimensión simbólica a través de una serie de restricciones. Además de la negativa del Enviado de Al-lah —la paz sea con él— a consentir el matrimonio de una mujer con el hombre que era famoso por sus maltratos a las mujeres, nunca había pegado en su vida a ninguna de sus esposas. Algunas limitaciones a la hora de recurrir al castigo físico son: Nunca se debe pegar en una situación de furia exacerbada y ciega para evitar males mayores. No se deben golpear las partes sensibles del cuerpo (la cara el pecho, el vientre, la cabeza, etc.). Los golpes se han de administrar a unas partes concretas del cuerpo como los pies y las manos, debiendo utilizarse una vara no demasiado gruesa, es decir que ha de ser fina y ligera para que no deje cicatrices o hematomas en el cuerpo. Los golpes no han de ser fuertes y duros, porque la finalidad es hacer sufrir psicológicamente y no humillar y maltratar físicamente.

Segundo: De parte de la esposa hacia su esposo (véase la parte del divorcio). Gracias a las restricciones y limitaciones anteriormente expuestas, el Islam ha vaciado el castigo físico de significado como

"Y aunque, se menciona en un versículo coránico el castigo físico no significa que el Islam lo consiente, más bien es una escala de medidas que los hombres puedan tomar contra sus esposas en un sentido positivo y limitándose a su dimensión simbólica a través de una serie de restricciones" "Algunas limitaciones a la hora de recurrir al castigo físico son:

— Nunca se debe pegar en una situación de furia exacerbada y ciega para evitar males mayores.

— No se deben golpear las partes sensibles del cuerpo (la cara el pecho, el vientre, la cabeza, etc.).

— Los golpes se han de administrar a unas partes concretas del cuerpo como los pies y las manos, debiendo utilizarse una vara no demasiado gruesa, es decir que ha de ser fina y ligera para que no deje cicatrices o hematomas en el cuerpo.

— Los golpes no han de ser fuertes y duros, porque la finalidad es hacer sufrir psicológicamente y no humillar y maltratar físicamente.

Segundo: De parte de la esposa hacia su esposo (véase la parte del divorcio).

Gracias a las restricciones y limitaciones anteriormente expuestas, el Islam ha vaciado el castigo físico de significado como medida represiva y lo convirtió en un puro maltrato de índole psicológico-moral".

---

medida represiva y lo convirtió en un puro maltrato de índole psicológico-moral. El propio Profeta jamás había pegado a nadie y cuando algunas mujeres vinieron a denunciar los malos tratos y palizas que les daban sus respectivos maridos, el Enviado de Al-lah dirigió una homilía a los creyentes y les dijo que el peor de los hombres era aquel que maltrataba a su esposa". Se recoge el texto en la Sentencia del juzgado de lo penal 3º Barcelona, de 12 de enero de 2004. Hechos probados.

En juego en el caso los conceptos de libertad religiosa y su naturaleza jurídica, su dimensión externa, límites y la interpretación según aplicación del art. 10.2 de la constitución y el concepto de libertad de expresión. No faltan reflexiones en las que aparece la referencia a los componentes del orden público, salud, seguridad o moral pública, siendo esta la que operaría entendida como una ética común de mínimos[62].

La sentencia sobre el caso examina la fundamentación en el Corán por lo que se tienen en cuenta las interpretaciones y traducciones del mismo para valorar si es transcripción de un texto sagrado, concluyéndose que no lo es tras consultar con expertos y peritos y eliminar cualquier duda de vulneración. Este aspecto hace referencia a la aconfesionalidad del Estado pues no podría valorar la transcripción fiel de un texto sagrado y nos sitúa en una de las cuestiones que han sido poco tratadas como es la especificidad del lenguaje religioso o del lenguaje en el contexto religioso y su interpretación que iría más allá de la valoración de una traducción fiel, sino de una interpretación acorde con el lenguaje religioso y el significado de los términos utilizados en el mismo que puede ser diferente del uso del lenguaje común o laico.

Se desestima en la sentencia la consideración del agravante de superioridad entendiendo que sólo cabría entenderlo en un retorcimiento de la previsión legal del mismo y de la jurisprudencia interpretadora. Es interesante el razonamiento pues desliga el que exista un automatismo en el reconocimiento de la superioridad del iman por su autoridad religiosa[63]. Sin embargo la sentencia condena al imán pese a que

---

62 Ferreiro J., "La libertad religiosa y la provocación a la violencia de género, el caso del imam de Fuengirola," *Anuario da Facultade de Dereito da Universidade da Coruña*, 8, 2004, pp. 999-1020.

63 Sentencia del juzgado de lo penal 3º Barcelona, de 12 de enero de 2004, FJ.7. TOL338.141.

este se declara "pionero porque organiza viajes de cinco días en los que coinciden jóvenes de ambos sexos, promueve el acceso de la mujer al trabajo o da libertad a sus hijas para usar o no el velo" y porque argumenta el castigo físico solo para que humille psicológicamente[64].

En la sentencia se hace referencia al argumento de la fidelidad al texto del Corán y a la circunstancias de la traducción del término "daraba" que alegaba el acusado y que fue desmontado con la traducción alternativa dada por testigos, concluyendo que el maltrato físico o moral está absolutamente proscrito en el texto sagrado y también por las conclusiones sobre la violencia doméstica del III Congreso de la Mujer Musulmana[65].

Lo cierto es que con relación a esta en esta sentencia no suele prestarse atención a lo recogido en el fundamento jurídico segundo de la misma y que indica una valoración de acuerdo con la sensibilidad social, de modo que, pese a no incurrir en ilícito penal algunas de las partes del texto del libro, se recoge en la sentencia que: "En el ejercicio de su libertad el acusado diserta sobre la mujer en muy diferentes aspectos, algunos de nula vinculación con la religión en las sociedades con culturas cristianas, como la menstruación, el parto, la herencia, la dote, el testimonio, el vestido de la mujer, la obediencia, el divorcio, el parentesco, estando toda la obra presidida por un tono de machismo obsoleto, en algunos casos muy acentuado, discordante con el principio de igualdad recogido en el artículo 14 de la Constitución y que fundamenta la afirmación de las acusaciones de que el libro en algunos párrafos vulnera abiertamente dicho principio promoviendo conductas de discriminación por razón de sexo, intolerables y penalmente reprochables. Seguir vinculando la honestidad y el pudor con que el vestido no sea transparente ni estrecho y pegado al

---

64 Ibid. FJ. 6.

65 Ibid. FJ.5.

cuerpo, ni presuntuoso ni llamativo,(...)reclamar como requisitos del trabajo de la mujer que se amolde a su naturaleza, a las aptitudes y las predisposiciones innatas de ésta (página 88 «La actividad laboral»); afirmar que el tipo de sometimiento que la obediencia al esposo supone sólo se justifique cuando le reconozca al mismo su cordura, siendo lo más razonable que exista una autoridad suprema en el hogar(...)opiniones personales de Mohamed K. en su tarea de divulgación, constituyen mensajes contrarios a la igualdad de derechos y deberes entre los cónyuges que señala el artículo 66 del Código Civil y rozan lo intolerable desde el punto de vista penal aunque no llegan a la provocación para la discriminación, en cuanto insertas en una obra cuyo contenido global es un descriptivo y amplio catálogo de obligaciones y deberes de la mujer y un cicatero compendio de los derechos de los que es titular, e incompatibles con la sensibilidad social imperante"[66].

La valoración que se realiza, pese a reconocer que no hay ilícito en muchos aspectos, desciende a entresacar frases, expresiones, y afirmaciones de un texto con sentido religioso y confrontarlo con la sensibilidad social y el principio de igualdad calificándolo de discordante lo que no es ninguna calificación jurídica sino más bien una apreciación . Se trasluce en esta valoración un reproche a la concepción del acusado en el entendimiento que el juzgado hace del texto, pero que a nuestro *entender excede de su papel* pues, independientemente de las

---

66 Sentencia del juzgado de lo penal 3º Barcelona, de 12 de enero de 2004 FJ.2. "En cuando insertas en una obra cuyo contenido global es un descriptivo y amplio catálogo de obligaciones y deberes de la mujer un cicatero compendio de los derechos de los que es titular e incompatibles con la sensibilidad social imperante, aun cuando deba recordarse que las situaciones de la mujer en nuestro país eran muy semejantes en tiempos nunca demasiado lejanos y que en la actualidad el tratamiento de la mujer en variados aspectos sigue siendo diferenciador respecto al hombre".

posibles valoraciones personales y sociales, lo cierto es que se trata de *realizar la calificación jurídica que no necesita de una desacreditación social del texto para fundamentarse.* Es más *cabría valorar que este tipo de argumentaciones podrían tener un efecto disuasorio para la libertad de expresión pese a que se refleje la licitud de lo expresado. Esta sensibilidad no parece, sin embargo, estar presente en otros casos en los que las expresiones se dirigen hacia la descalificación de creyentes de diverso signo, como si la igualdad de creyentes, no creyentes o ateos no fuese también un valor del ordenamiento.* Con ello nos referimos a aquellos casos en los que se denuncia por ofensas a los sentimientos religiosos o por profanación y no se estima la existencia del delito, pero tampoco se realizan valoraciones desde las sentencias sobre como esto rompe la igualdad en el ámbito de las ideas, según estas sean religiosas o no.

Por ultimo este caso es especialmente interesante y relevante porque aunque hubo una condena de privación de libertad y una multa de ocho meses por delito de provocación a la violencia por razón de sexo y el decomiso de los ejemplares; 22 días después de que el imán ingresara en prisión, en diciembre de 2004 la Audiencia de Barcelona, dictó una resolución en la que acordaba su puesta en libertad y le imponía un curso de seis meses en cuyo contenido destacasen los artículos 10, 14 y 15 de la Constitución española y la DUDH estimando el recurso de apelación presentado por la defensa del imán y en el que se argumentaba que el encarcelamiento del mismo no beneficiaba su reinserción[67].

---

67 Curso impartido por un Catedrático del Derecho Constitucional, aunque hubiera resultado más coherente su impartición por un especialista en Derecho Eclesiástico del Estado, dada la relación intensa con las confesiones y grupos religiosos con la materia y las relaciones institucionales con especialistas de este ámbito. Este detalle no es sino un reflejo de la ignorancia y falta de aprovechamiento de los conocimientos y especialistas en esta materia desde ámbitos jurídicos.

La segunda publicación a la que nos referíamos es un libro que edita el Arzobispado de Granada por Nuevo Inicio, titulado "Cásate y sé sumisa. Esta publicación en realidad no hubiera tenido mayor trascendencia, como no lo tuvo en su publicación en Italia, si no llega a ser objeto de polémica dada la cascada de manifestaciones y la denuncia que se detalla a continuación. La autora la italiana Costanza Miriano posteriormente publicó una segunda obra "Cásate y da la vida por ella" continuación del primer libro, referida esta vez al hombre y sin polémica ni denuncias[68]. La obra fue objeto de una reclamación a la fiscalía para que se investigase por parte del Consejo Municipal de la Mujer de Granada, integrado por 67 asociaciones por entender que su contenido era contrario a la Ley Orgánica para la Igualdad efectiva de Mujeres y Hombres, la Ley Orgánica de Medidas de Prevención contra la Violencia de Género y a la Constitución[69]. La fiscalía concluyó con el archivo de las diligencias que sin embargo no evitaron una polémica pública y una descalificación social y política por parte de diversos grupos y entidades. El Ministerio Público analizó si el libro o su contenido podrían suponer un delito de violencia de género, discurso discriminatorio o publicidad que atente contra los valores de las personas, concluyendo que si bien el texto y el propio libro "pueden ser poco acordes con el papel de la mujer en la sociedad actual", en "ningún caso" son merecedores de "sanción penal" con arreglo a la legislación vigente. Recoge, por significativas para explicar su sentido, algunas de las expresiones contenidas en el libro, del tipo "De la mujer,

---

68 Miriano, C., *Cásate y sé sumisa*, Granada, Ed. Nuevo Inicio, 2013 y *Cásate y da la vida por ella*, Granada, Ed. Nuevo Inicio, 2013.

69 El Consejo municipal de la mujer de Granada es un órgano consultivo y asesor de representación y participación de las mujeres granadinas y de sus asociaciones en la política municipal. Su finalidad es la elaboración de estudios, informes y propuestas para hacer efectivo el principio de igualdad de hombre y mujer.

en primer lugar, es de la que depende la vida o la muerte del matrimonio. Sé buena, dulce, con un corazón abierto, sumisa no en la lógica del dominio y por tanto de la violencia y la obligación, sino en la del servicio espontáneo, voluntario". Para la fiscal las manifestaciones no suponen violencia de género, ni publicidad discriminatoria vejatoria, son "manifestación de una ideología religiosa y dirigidas especialmente a aquellas personas que profesen tales creencias".

Como vemos de nuevo se trata de una cuestión de lenguaje, en el que se valora con criterios sociales, un lenguaje con significación e interpretación en el contexto de lo religioso. Así la autora explica que la obra parte de la Carta a los Efesios y en ese contexto de referencia se utiliza el término sumisa en un sentido muy concreto que aclara no evoca desigualdad o discriminación, sino a entrega. *No se trata por lo tanto simplemente de una falta de sanción penal, que está claro que no era procedente, sino que se denota una falta de sensibilidad y de respeto por parte de determinados sectores a la especificidad de lo religioso, a la diversidad y riqueza que ello supone y siendo esto que desde instancias públicas obligadas por la aconfesionalidad y la cooperación; laicidad positiva, no solo no dan cumplimiento a la misma si no que crean un ambiente social y una sensibilización que criminaliza y desvaloriza lo religioso y sus especificidades.* Así, por ejemplo, hubo manifestaciones en el sentido de que la iglesia recibe fondos públicos y que por lo tanto no puede publicar libros con este contenido. No se trata de una afirmación gratuita sino que es muy significativo el número de posiciones contrarias al libro que se suscitaron en multitud de colectivos, como el grupo Anonymous que hackeo la página web del arzobispado de Granada, las críticas contra el Arzobispo de Granada, en protesta por la publicación y los pronunciamientos de los partidos políticos, y la ministra de Sanidad, Servicios Sociales e Igualdad, que llegó a pedir su retirada. El libro, sin embargo, llegó a ser uno de los más vendidos en la web de Amazon[70]. El caso plantea la protección de la libertad de expresión y la libertad religiosa y la protección del pluralismo en relación a la pluralidad de visiones sobre la mujer, la libertad en la configuración de identidades en este caso de identidad femenina, la concepción de la mujer y su papel en el matrimonio y la autonomía de las confesiones en relación a la libertad de la editorial del arzobispado como la libertad empresarial para poder editar.

b. Ministros de culto

La libertad de expresión desde lo confesional/religioso se concreta también en las manifestaciones de ministros confesionales o de estudiosos y especialistas desde el ámbito confesional. Se suele establecer una distinción en cuanto a su valoración jurídica de aquellos casos en los que se trata de manifestaciones en los templos, como por ejemplo homilías, dirigidas por tanto exclusivamente a los fieles, de aquellos que se realizan en otros medios de expresión/comunicación, pero dado que todos afectan a la libertad de expresión religiosa hemos optado por recoger casos que comprenden las manifestaciones de los ministros tanto en homilías como en medios de comunicación, entrevistas o documentos de diversa índole[71].

---

70 Meléndez- Valdés Navas, M., "Género e igualdad en la docencia universitaria sobre libertad religiosa", *I Encuentro Red Docente de Excelencia de Género e Igualdad*: GenerUMA 2019, Borda Crespo, M.I. Palomares Perraut, R. (Editoras), UMA, Málaga, pp. 120-131.

71 Se argumenta una gradación en función del lugar en el que el ministro se exprese(aunque más bien se refiere al auditorio) y también en función de su carácter cualificado. Se estaría pensando en una mayor limitación en función de su responsabilidad, para la libertad de expresión de los ministros, si bien se reconoce que no es sino una idea que ha desarrollado la doctrina. Rodrigo Lara, B., "Lenguaje e intención comunicativa: la interacción entre libertad

Para ello, recogemos, sin ánimo exhaustivo, algunos ejemplos tanto de ministros islámicos como católicos. Nos detenemos brevemente en la cuestión relativa a las manifestaciones en homilías y centros de culto y en otros ámbitos ya que nos parece que siendo destacable la responsabilidad de los ministros de culto en sus manifestaciones, al igual que lo es la de los profesionales de la información, no gozan estos del mismo estatus y este plus que implicaría una reducción de su libertad de expresión en función del lugar y que no afectaría simplemente al ministro de culto o asimilado, sino que también afectaría al colectivo de creyentes que se identifica con el grupo, limitando el ámbito de expresión y de debate y diversidad en el ámbito público, exigencia que no se establece para otros colectivos y plus de responsabilidad que no se establece para otros sujetos cualificados en sus diversas actividades. Por añadidura limitaría la riqueza y diversidad de uso de "lenguajes" en el foro público constriñendo el religioso y sus significados al estrictamente cultual. *Parece subyacer la idea de que la libertad de expresión de los ministros confesionales solo tiene su máxima extensión, y es por tanto similar a la de cualquier sujeto, en los centros de culto,* esto es "recluyendo lo religioso a los templos" en este ámbito, el de la libertad de expresión.

Varios son los casos en los que se trata de los sermones de imanes en España y sus manifestaciones respecto de la mujer. Así el del imán de Terrassa, Abdeslam Laaroussi, en 2012, acusado por el fiscal de Delitos de Odio y Discriminación en Cataluña de incitar a la violencia contra la mujer por dirigirse en sus sermones a sus fieles, aconsejando a los maridos, sobre el comportamiento de sus mujeres, conductas en el siguiente

---

de expresión y la libertad religiosa" en *Cultura , identidad, religión y derecho: una perspectiva interdisciplinar,* Coord. PALOMINO LOZANO, P., RODRIGO LARA, B., BOE,2023, https://www.boe.es/biblioteca_juridica/publicacion.php?id=PUB-PB-2023-285&tipo=L&modo=2

sentido: "Amonestad a aquéllas de quienes temáis que se rebelen, dejarlas solas en el lecho, pegarlas", indicando además que "en el Islam los golpes son una práctica tolerable con límites refiriéndose a que estos no son los que provocan las fracturas de los huesos, no son los que hacen correr la sangre, explica cómo han de propinarse, con una pequeña barra de madera, y termina aconsejando que "estos golpes sean discretos(...) y que(...) nadie sepa de ellos fuera de la vida conyugal". Sobre el asunto el clérigo musulmán afirmó que en los sermones se limitó, en gran parte, a hablar de los textos sagrados del Islam, que contienen algunas de las expresiones pronunciadas. Ante el interés del caso la Federación del Consejo Islámico de Cataluña reaccionó de inmediato condenando el maltrato machista. Reacciones como esta, que aclaran la posición de las confesiones y grupos religiosos, resultan fundamentales en materia de género. Después de seis años el juzgado de instrucción número dos de Terrassa archivó el caso al determinar que no había pruebas concluyentes debido a que las dudas generadas por las interpretaciones de los sermones grabados por los Mossos d'Esquadra, ya que según el auto judicial las únicas pruebas de la perpetración del delito serían dos sermones registrados el 16 de diciembre del 2011 y el 20 de enero del 2012, pero resultando que *las traducciones de esas proclamas "difieren en matices que se consideran sustanciales y fundamentales para la imputación de los hechos*". Concretamente se hace mención a la referencia a golpear a la mujer con el "sewak", un palo de unos ocho centímetros de longitud y medio centímetro de diámetro, sobre el que el clérigo declaró, en sede judicial, que su alusión era simbólica, pues el "sewak" no tiene capacidad para causar mal. Para la resolución se consideró que aunque aparentemente el sermón hacía referencia a golpear a la mujer *cabe una lectura simbólica que deriva del contexto y de la totalidad del sermón*, teniendo en cuenta el carácter del palo al que hacía referencia y las diversas expresiones utilizadas en las que, por ejemplo, habla de dirimir conflictos en las familias de las partes, de abandonar a la mujer en el lecho pero no en la casa.

Otro de los casos se refiere no a un imán sino a un estudioso del Corán en 2013, Malik Ibn Benaisa por su intervención en la televisión pública de Ceuta en una conferencia en la que llamó fornicadoras a las mujeres musulmanas que se perfuman o que usen el hiyab pero llevan ropas que resaltan las formas del cuerpo. Pese a que posteriormente pidió perdón a aquellas mujeres que no eran musulmanas fue esta intervención objeto de denuncias que provocaron a su vez una manifestación en favor de este estudioso. Concretamente fue denunciado por el partido socialista, específicamente por la Secretaria de Igualdad de Ceuta y se inició una investigación por la Delegación del Gobierno de Ceuta, remitiéndose a la fiscalía los videos. Por su parte, el Instituto de la Mujer y la Delegación del Gobierno para la Violencia de Género emitieron un comunicado donde condenaban los comentarios vejatorios[72]. Por su parte la televisión publica argumentó que el ente es un "mero transmisor" y que no se veta a un ponente musulmán que realiza unas declaraciones dentro de un ciclo de conferencias en una programación dirigida al público musulmán con motivo del mes de Ramadán[73]. Finalmente, la fiscalía de Ceuta archivó la denuncia de la Delegación del Gobierno relativa a apología de la violencia de género discriminación por razón de sexo o credo religioso.

No faltan en torno a los líderes religiosos casos en los que son otro tipo de actuaciones sobre la mujer las que dan lugar a la denuncia en sede judicial, como en el supuesto que se refiere al imán de Cunit, en Tarragona, imputado por acosar en

---

72 https://violenciagenero.igualdad.gob.es/laDelegacionInforma/pdfs/ComentariosMalik_WEB.pdf. Consultado el 03/11/23.

73 https://elfarodeceuta.es/malik-ibn-benaisa-jamas-he-llamado-al-maltrato-a-la-mujer/. Consultado el 19/11/23.

2008 a una mujer musulmana de la localidad, Fátima Ghailan, ciudadana española de origen marroquí y mediadora cultural de la localidad. El Imán no tenía una formación sólida y solía trabajar en la construcción, pero se le encomendó la dirección del rezo porque tenía algún conocimiento más del Corán que el resto según miembros del colectivo. Concretamente fue denunciado junto con otros tres miembros de la comunidad islámica y condenado a un año de cárcel por un delito de coacciones graves contra una mediadora cultural y posteriormente absuelto por la audiencia de Tarragona[74]. Destacamos que en el juicio y en la instrucción judicial las referencias a aspectos que tienen que ver con la igualdad de la mujer fueron puestos de manifiesto. Así en su declaración ante el juez la alcaldesa del municipio describió un panorama de mujeres encerradas en casa para evitar que se relacionen, sin conocimiento del castellano, relegadas a una suerte de clausura por maridos que rechazan integrarse y no dejan integrar, diciendo que aunque el retrato podría ser de otro siglo pertenece al colectivo musulmán. La instrucción judicial refiere que la hostigaban por motivos como tener un empleo, conducir un coche y no llevar velo, y que además ofrecieron a su marido casarse con otra mujer. La repercusión del caso hizo que en el ayuntamiento se presentase una moción de la oposición para que este dejara de mantener como interlocutor al imán, pero la alcaldesa era partidaria de mediar entre las partes para evitar un conflicto en la comunidad musulmana de la localidad y defendió que se trataba de un problema personal entre el imán y la mediadora por lo que impidió con su voto de calidad que prosperara la moción presentada[75].

---

[74] SAP de Tarragona 448/2011. TOL2.224.094.

[75] El juzgado estimo el recurso de los acusados a la sentencia del juzgado penal número 2 de Tarragona, que también condenó a nueve meses de prisión al presidente de la Asociación Cultural Islámica Cunit y a la hija del imán a pagar una multa de 730 euros, además

La mayor parte de las referencias que podemos encontrar en España se centran sin embargo en la Iglesia católica y sus ministros por lo que recogemos algunos de los casos referidos a homilías, documentos y manifestaciones que han sido objeto de denuncia, polémica social y atención jurídica[76]. Presentaremos, sin ánimo exhaustivo, una muestra siguiendo un orden cronológico.

Nos remontamos a 2012 con un caso que abarca tanto una homilía como una entrevista. Se trata de la homilía del 6 abril, viernes Santo, por parte del obispo de Alcalá de Henares, retrasmitida por Televisión Española, y la entrevista posterior realizada en el medio digital Religión en Libertad. El obispo fue denunciado por infracción penal por la asociación Preeminencia del Derecho y también se remitió un escrito a la Fiscalía de área de Alcalá de Henares por la Federación y el Colectivo de Lesbianas, Gais, Transexuales y Bisexuales, así como comunicación de la Oficina para la No Discriminación del Ayuntamiento de Barcelona. El delito por el que se le denunciaba se refería a la previsión del artículo 510 del Código Penal, acordando el Juzgado de Instrucción el sobreseimiento libre y el archivo de

---

de a pagar 1.500 euros en concepto de daños morales. la Audiencia sin embargo consideró que no había ningún hecho constitutivo de delito de coacciones y aprecia que los acusados ejercieron de forma legítima el derecho de petición, que permite quejarse del funcionamiento de un servicio público.

76 No hay que olvidar que las homilías son parte integral de la acción litúrgica , en la que se expone a partir de los textos sagrados lo misterios de la fe, las normas de vida cristiana, esto es un comentario vivo de la Palabra de Dios. *Constitución sobre la Sagrada Litúrgia, Sacrosanctum Concilium, e Instrucción General del Misal Romano,* 2000. Disponible en, https://www.vatican.va/archive/hist_councils/ii_vatican_council/documents/vat-ii_const_19631204_sacrosanctum-concilium_sp.html

las actuaciones[77]. En los razonamientos jurídicos del auto se analiza lo expresado en la homilía en el contexto de la misma. En relación a la entrevista el razonamiento es enmarcado en la referencia que se realiza a las ideologías que no orientan bien la sexualidad humana y en la alusión a diversas conductas en el contexto del pecado, realizando además, una adecuada valoración, lo que no es común, sobre la referencia al pecado, que es la siguiente: "la referencia al indicado infierno, además de no poderse considerar injuriosa en un sentido mínimamente estricto, ha de enmarcarse en el contexto general de alusión al sufrimiento causado por el pecado que se hace en la indicada homilía"[78]. Sobre la entrevista se analiza como de modo expreso se alude a la doctrina de la Iglesia, por lo tanto que esto se hace (las manifestaciones) al amparo de la libertad religiosa, y

---

77 Auto del Juzgado de instrucción no 6 de Alcalá de Henares de 10 de julio de 2012. TOL2.608.284.

78 RJ 2º " En la indicada homilía se aludía entre otras cosas al pecado y al sufrimiento que del mismo se deriva. El obispo de Alcalá de Henares puso en relación a ello diversos ejemplos que comprendían la infidelidad conyugal, el aborto, el impago del salario, la conducta de los trabajadores desleales, el hurto, los favores sexuales en el trabajo, el alcohol, los sacerdotes con doble vida y, ciertamente, una alusión a las personas homosexuales. Si bien de las palabras del obispo se desprende una posición crítica hacia la homosexualidad (se alude a las ideologías que no orientan bien la sexualidad humana), las mismas, rectamente entendidas, no contienen una injuria a los homosexuales en general ni tampoco una llamada a su discriminación por razón de su orientación sexual; como tampoco podría llegarse a esa conclusión respecto del resto de los grupos relacionados con los diversos ejemplos mencionados por el obispo." "De igual forma, en la homilía tampoco se señalaba que los homosexuales en general abusen de los menores. Finalmente, en cuanto a la referencia al hallazgo «del infierno», del sentido de las palabras examinadas no se desprende que ello se aplique según el obispo a los homosexuales en general, sino exclusivamente a quienes se hallan en el ejemplo expuesto en la homilía".

se tiene en consideración también como en la misma se aclara la intencionalidad y el objetivo de lo expresado cuando se dice lo siguiente: "que bajo ningún concepto queremos ofender a nadie, sin embargo no renunciamos a anunciar la verdad en la caridad», «la Iglesia enseña que las personas con AMS deben ser acogidas con respeto, compasión y delicadeza. Se evitará, respecto a ellos, todo signo de discriminación injusta". Frente al acento que pone el Ayuntamiento de Barcelona sobre que se hace referencia a una "terapia apropiada", el auto de modo coherente interpreta lo expresado en relación con la totalidad del discurso y con la referencia, en ese punto, al documento titulado "Sexualidad Humana: Verdad y Significado" del Pontificio Consejo para la Familia.

Otro caso es el referido a una entrevista en 2014 a Monseñor Sebastián en la que hizo referencia a la homosexualidad, realizando las siguientes afirmaciones: "es una forma deficiente de manifestar la sexualidad", "señalar a un homosexual una deficiencia no es una ofensa, es una ayuda, porque muchos casos de homosexualidad se pueden recuperar, se pueden normalizar con un tratamiento adecuado". Por las mismas fue denunciado por Colegas en base al artículo 510 del Código Penal, si bien la fiscalía acordó, una vez más, el archivo de las diligencias por no ser la conducta constitutiva de delito. Pese a ello y curiosamente el fiscal realiza una valoración de las declaraciones ajena al derecho, desafortunada y errónea al hacer constar en su escrito que con las manifestaciones realizadas sobre un posible tratamiento de la homosexualidad "está distanciándose de la postura científica sostenida al respecto por la mayoría de los organismos internacionales". Para el fiscal las manifestaciones "no tenían en absoluto como finalidad la difusión de un discurso de odio, según se desprende del tono, contenido y contexto de la misma" e incluso se refiere a que el "señalarlos como enfermos con las evidentes connotaciones negativas y de estigmatización"; y que puede causar un "lógico desasosiego" a los homosexuales que profesen la fe católica, "que en sus manifestaciones el denunciado incurra en error y pueda causar ofensa no le hace automáticamente responsable de delito", apuntando que no se ve que la pretensión fuera dar una información o "certeza científica", sino opinión, recuerda que Monseñor Sebastián utiliza palabras como "respeto, acogida y afecto" y expresiones como "con todos los respetos" o "esto no puede ser ultraje para nadie", de lo que "se desprende que por muy desafortunadas que sean las palabras emitidas ni se tenía intención de que las mismas podrían resultar ofensivas para el colectivo afectado ni, en ningún caso, había ánimo de ofender al prójimo", y que "cuando el entrevistado contesta a las preguntas sobre la homosexualidad lo hace explícitamente dentro del magisterio de la Iglesia", aludiendo la fiscal en este punto al catecismo y a expresiones como que los actos homosexuales son "contrarios a la ley natural", que "no pueden recibir aprobación en ningún caso" y a una "inclinación objetivamente desordenada". Expresamente recoge que: *"Desde el momento en que el catecismo de la Iglesia Católica, aunque lógicamente no tenga que ser compartido por nadie, es un libro protegido por la legislación española que permite su publicación y difusión por cualquier medio a pesar de que hable de los actos homosexuales como 'contrarios a la ley natural e intrínsecamente desordenados', deberá como legítima consecuencia permitirse que quien profese dichas creencias las refiera o enuncie públicamente"*, en caso contrario, señala la fiscal, "estaríamos menoscabando gravemente su derecho a la libertad religiosa". "Mientras el Estado proteja y ampare la difusión de los preceptos de las religiones reconocidas tendría que respetarse también a quien se limite a enunciarlas en alta voz, *sea cual sea la difusión que tengan sus palabras*"[79]. Afirmación esta última que coincide con el razonamiento que hacíamos

---

79 https://www.eldiario.es/andalucia/archivan-investigacion-declaraciones-sebastian-homosexualidad_1_4952702.html. Visitado el 04/09/23.

al principio respecto al lugar de realización de las manifestaciones por ministros de culto.

La relevancia de las manifestaciones realizadas por ministros católicos abarca todo tipo de contextos que no se limitan a una realidad dicotómica entre un entorno cultual y una difusión pública como un medio de comunicación, sino que se produce en cualquier entorno, así sirva de ejemplo de esta variedad la denuncia realizada en relación a las afirmaciones del Obispo de Málaga en 2014 en un encuentro en el Colegio San Estanislao de Kostka, con alumnos y miembros de otros siete centros. A raíz de las mismas, en las que se refería al matrimonio homosexual, fue denunciado por el partido político Soberanía al considerar que podrían suponer un delito de incitación al odio y discriminación contra las parejas matrimoniales monoparentales o de un solo sexo. La denuncia fue sobreseída y archivada por el Juzgado de Instrucción número 8 de Málaga[80]que entendió que el obispo se limitó a expresar "su criterio acorde con la doctrina de la Iglesia, esto es: una posición crítica hacia la homosexualidad, lo que se encuentra amparado por la libertad de expresión y libertad religiosa", y que por lo tanto no se debe "tratar de criminalizar una mera

---

80 "Sobre el diálogo mantenido por el Obispo con jóvenes en el colegio malagueño de San Estanislao de Kostka el día 10 de abril del 2014. Ante las noticias aparecidas en la prensa a este respecto, el Obispado de Málaga manifiesta lo siguiente: 1. El obispo de Málaga, D. Jesús Catalá, no se responsabiliza de lo que publican los medios de comunicación sobre el diálogo mantenido con los jóvenes en el colegio malagueño de San Estanislao de Kostka el día 10 de abril del 2014. 2. En el transcurso del diálogo el obispo de Málaga respondió a varias preguntas de los jóvenes sobre los sacramentos y sobre cuestiones de fe cristiana, exponiendo con claridad la doctrina de la Iglesia. 3. El prelado malagueño expuso pedagógicamente a los jóvenes el sentido del matrimonio cristiano. Y no criticó negativamente la adopción por parte de parejas homosexuales"

opinión", el juez recuerda que el Obispado indicó que estas palabras habían sido sacadas de contexto y además emitió una nota aclaratoria sobre los hechos a los que se referían. Para el Juez "no se tiene certeza de que la versión aportada se ajuste a la realidad" y, por tanto, "no resulta justificada la perpetración del delito denunciado", y además el artículo 510 del Código Penal exige para el caso el dolo directo *"tratar de criminalizar lo que es una mera opinión en el seno del derecho a la libertad de expresión y conforme a la doctrina de la Iglesia católica, dentro del derecho a la libertad religiosa, supone desorbitar las cosas*; desde luego trayendo los hechos a los estrictos márgenes para los que, como última ratio, está concebido el Derecho Penal; de ahí que las frases que se atribuyen sin base suficiente probatoria han de conducir al sobreseimiento"[81].

Siguiendo la estela de los anteriores casos en 2014 se denunció al obispo de Alcalá de Henares, Monseñor Reig Pla por su publicación en el portal infovaticana de un artículo "Llamar a las cosas por su nombre un verdadero reto para los católicos" que versaba sobre el aborto tema recurrente en relación a la mujer y las creencias religiosas. La denuncia fue inadmitida a trámite en el juzgado de instrucción y confirmada por la audiencia provincial de Madrid en 2016.

Otro caso destaca porque en él se acumulan varias denuncias, se trata del referido al Cardenal Cañizares, denunciado en base al artículo 510 del Código Penal por sus intervenciones, en Fórum Europa-Tribuna Mediterráneo de Valencia, el día 14 de octubre de 2015 y en la misa del 16 de mayo de 2016 del

---

81 https://www.diariosur.es/sociedad/201406/18/archivada-causa-contra-obispo-20140618103151-rc.html , https://www.europapress.es/sociedad/noticia-juez-archiva-causa-contra-obispo-malaga-declaraciones-matrimonio-homosexual-20140618091216.html. Visitado el 02/12 23.

Pontificio Instituto Juan Pablo II de Valencia[82]. Fue interpuesta por LAMBDA, Colectivo de Lesbianas, Gais, Transexuales y Bisexuales de la Comunidad Valenciana, que entendía que sus palabras fomentan el odio y la discriminación por razón de sexo, por orientación sexual, por identidad de género o expresión de género. El auto del Juzgado al que se remiten las actuaciones por la fiscalía, para que se unan a las diligencias previas seguidas en el juzgado, considera que, visto el contenido de la denuncia, los hechos son análogos a los referidos en el Auto del Juzgado emitido previamente y recoge la literalidad de partes del mismo sobre la intervención del prelado en Fórum Europa, sobre la "información aparecida en el Diario Levante de fecha 19 de mayo de 2016 en relación a varias declaraciones de esa semana del denunciado, así como en relación a artículos publicados por el denunciado en La Razón donde manifiesta: "una de las ideologías más insidiosas en la historia de la humanidad y de la cultura es sin duda la llamada ideología de género, que se encubre en orientaciones y legislaciones, por ejemplo, bajo el título de reconocimiento del derecho a la identidad y expresión de género (…) Estamos pues ante una subversión en toda regla, ante una verdadera revolución cultural de consecuencias destructivas de grandísimo alcance para el futuro del hombre y de la sociedad (…) El feminismo radical es una nueva versión de la lucha de clases y del marxismo (…) está socavando el núcleo central de toda sociedad, que es la familia" y también se recoge cómo expresó que " al término de la procesión del Corpus Christi pidió a los católicos que desobedezcan aquellas leyes que considera injustas basadas en la ideología más insidiosa y destructora de la humanidad de toda la historia, que es la ideología de género". Sobre esta base la denuncia considera que tales declaraciones están "insertas en

82 Autos del Juzgado de Instrucción nº18 de Valencia de 9 de junio y de 22 de Junio de 2016.

los supuestos de hecho del artículo 510.1.a) del Código Penal y que todas estas actuaciones tienen el común denominador de que el denunciado, como pastor de la iglesia y de forma pública, incita a los feligreses de su diócesis, cuando no a todos los creyentes en su religión a que sigan sus comportamientos, incluso los anima a desobedecer las leyes del Estado".

Acuerda el juzgado finalmente el sobreseimiento de las actuaciones al no aparecer debidamente justificada la perpetración del delito. Merece la pena detenerse en algunas de las apreciaciones de este auto[83]. Se refiere concretamente a que *es necesario que la denuncia, "máxime si se interpone directamente ante el Juzgado de Guardia" requiera un mínimo compromiso de concreción acerca del hecho o hechos que pueden constituir delito, y el enlace lógico jurídico entre los hechos denunciados y los elementos del tipo penal,* argumentando que en la denuncia simplemente se aluden a "ciertas noticias periodísticas en las que se recogen manifestaciones o declaraciones efectuadas por el denunciado indicando que de su tenor literal resulta sin duda el encaje típico de dichas declaraciones en el ámbito del artículo 510 del CP."; aludiendo a continuación a la Sentencia de la Sección Primera de la Sala de lo Penal del Tribunal Supremo de fecha 12 de abril de 2011: "Es claro, sin embargo, que tales medidas de reacción contra esta clase de planteamientos y conductas, pueden colisionar con otros derechos reconocidos y que, además, resultan de especial relevancia para el correcto desarrollo del sistema democrático. Efectivamente, *los derechos a la libertad ideológica y a la libertad de expresión permiten, inicialmente, no solo asumir cualquier idea, sino expresarla e, incluso, difundirla, y acomodar a ella el desarrollo de la vida propia,* siempre con los límites que impone *la convivencia respetuosa* con los derechos de los demás. La restricción de tales derechos, pues, y más aún el recurso a la sanción

---

[83] Auto del Juzgado de Instrucción nº18 de Valencia de 22 de Junio de 2016, FJ2.

penal, requiere de una justificación que solo se encuentra, en palabras del TC, cuando colisiona con otros bienes jurídicos defendibles que se revelen acreedores de una mayor protección tras la necesaria y previa labor de ponderación. Y no solo eso, sino que será preciso que las características de la colisión sean tales que justifiquen la intervención penal[84]." La referencia que realiza el auto es especialmente interesante pues sería aplicable a los diversos supuestos que hemos citado donde se inadmite la denuncia o es archivada.

Todo esto denota una actividad jurídica, en cuanto a la realización de denuncias, que consigue, no sabemos si lo persigue de modo intencionado, dos objetivos, por un lado, difusión de las posiciones contrarias a lo manifestado por los denunciados, de un modo que seguramente no se obtendría mediante la réplica con los mismos medios y el efecto de la autocensura por parte de quienes manifiestan sus ideas en el ámbito religioso.

Siguiendo con otros casos las notas emitidas por prelados también son objeto de denuncia, como en 2016 la nota titulada "Tiempo de sanación, no de lamentaciones" referida a la Ley de protección integral contra la LGTBIfobia y la discriminación por razón de orientación e identidad sexual en la Comunidad de Madrid de los obispos de Getafe y Alcalá[85],

---

84 La cursiva es nuestra.

85 https://www.diocesisgetafe.es/index.php/noticias/notas-de-prensa/2926-tiempo-de-sanacion-no-de-lamentaciones. Visitado el 01/02/2024.
Nota sobre la Ley de protección integral contra la LGTBIfobia y la discriminación por razón de orientación e identidad sexual en la Comunidad de Madrid.
El pasado día 14 de julio, la Asamblea de la Comunidad Autónoma de Madrid aprobó la Ley de protección integral contra la LGTBIfobia y la discriminación por razón de orientación e identidad sexual en la Comunidad de Madrid. La Ley ha sido publicada, el pasado 21 de julio, en el Boletín Oficial de la Asamblea de Madrid. Ante este

---

hecho, queremos, con todo el respeto hacia los que han promovido esta ley y sus posibles destinatarios, manifestar públicamente las siguientes consideraciones dirigidas a los fieles católicos de nuestras diócesis, sin menoscabo de otras profundizaciones posteriores.

1. Inspirada por una antropología no adecuada que niega la diferencia sexual varón-mujer y la unidad de la persona cuerpo-espíritu, esta ley se halla en contradicción con la moral natural, acorde con la recta razón, y pretende anular la enseñanza pública de la Biblia (Cf. Carta a los Romanos 1, 24-27; Primera carta a los Corintios 6, 9-10; Primera carta a Timoteo 1, 10, etc.), del Catecismo de la Iglesia Católica (nn. 2357-2359) y del resto del Magisterio de la Iglesia referido al designio de Dios sobre el varón y la mujer. Más aún, pretende prohibir, incluso, rezar públicamente por las personas que suplican la oración para un cambio de orientación en su vida (Ej: Art. 4-b, Art. 3-o, Art. 70-4-c, Art.72-3).
2. La mencionada Ley, desde sus presupuestos y normativa, nos parece, sin afrontar exhaustivamente todos sus aspectos:
   a. *Un ataque a la libertad religiosa y de conciencia* (Ej: Art. 3-o, Art. 70-4-c, Art. 72-3).
   b. *Un ataque y censura al derecho de los padres a educar a sus hijos según sus propias creencias y convicciones. Del mismo modo es un atropello a los idearios* que inspiran la libertad de enseñanza (Cf. Capítulo XI, Medidas en el ámbito educativo. Ej: Art. 29-2, Art. 31-9, Art. 32, Art. 34).
   c. *Un atentado a la libertad de expresión, a la libertad de cátedra, a la libertad de los científicos y profesionales en la búsqueda de la verdad,* y *a la libertad de las personas para orientar su vida* o para pedir ayuda, incluso religiosa, en aquello que crean necesitar (Cf. Capítulo XI, Medidas en el ámbito educativo; y Capítulo XII, Medidas en el ámbito de la salud. Ej: Art. 3-o, Art. 31, Art. 36, Art. 70-4-c, Art. 72-3). Consideramos, por ello, que se trata, en su esencia, de una ley arbitraria que no contempla ni siquiera la objeción de conciencia.
3. Los partidos políticos del arco parlamentario, también los grandes sindicatos, la mayoría de los medios de comunicación y muchas de las grandes empresas quieren imponer "ideológicamente" un "pensamiento único" que anule la libertad y el coraje de

buscar la verdad de la persona humana, en su unidad cuerpo-espíritu y en su diferencia sexual varón-mujer. Cuando no se busca la Verdad, cuando *no se respetan ni siquiera los argumentos de la biología inherente a la genealogía de la persona, se impone por ley la ideología–en este caso la "ideología de género"*–y se coacciona la libertad con sanciones y persecución: nada nuevo bajo el sol.

4. Al recibir el premio Carlomagno, el papa Francisco ha invitado a construir un nuevo humanismo para Europa basado en la capacidad de integrar, de dialogar y de construir, recordando que en esta tarea la Iglesia puede y debe ayudar, cumpliendo su misión: el anuncio del Evangelio, que hoy más que nunca se traduce principalmente en salir al encuentro de las heridas del hombre, llevando la presencia fuerte y sencilla de Jesús, su misericordia que consuela y anima (Discurso, 6.5.2016). Entre las víctimas reales de nuestra cultura del relativismo no lo son menos quienes sufren la confusión sobre su propia identidad; una confusión que, con leyes como esta, se verá aún más agravada. El mismo Papa Francisco nos ha pedido no caer «en el pecado de pretender sustituir al Creador. Somos creaturas, no somos omnipotentes. Lo creado nos precede y debe ser recibido como don. Al mismo tiempo, somos llamados a custodiar nuestra humanidad, y eso significa ante todo aceptarla y respetarla como ha sido creada» (Exhortación Apostólica Postsinodal Amoris laetitia, 56).
5. No es tiempo de lamentaciones, sino de sanación, como ha recordado nuestro hermano el obispo de Lincoln (EEUU), citando a Boecio, ante medidas legislativas similares de la administración Obama (cf. Carta 17.5.2016). Para salir al encuentro de las heridas del corazón, como nos pide el papa Francisco, es necesario y urgente promover una acción conjunta de las familias y de las asociaciones católicas en orden a defender, con todos los medios legítimos y en todas las instancias que corresponda, la libertad religiosa y de conciencia, la libertad de los padres a educar a sus hijos según sus propias creencias y convicciones, la libertad de enseñanza y los demás derechos fundamentales que, creemos, se conculcan gravemente en esta Ley. Si nosotros callamos gritarán las piedras (Cf. Lc 19, 40). La sanación de las heridas provocadas por estas medidas legislativas no se

considerando los denunciantes, el "Observatorio Español contra la LGBTfobia", que esta constituía un ataque a la libertad religiosa y de conciencia en base al artículo 510 del Código Penal y planteándose una querella por incitar a la insumisión a las leyes. En el Ayuntamiento se planteó por el Grupo Izquierda Unida los verdes declarar persona non grata al Obispo de Getafe, siendo rechazada la propuesta. En la misma línea se denunció en el mismo año en 2016, por un vecino de Córdoba a la fiscalía provincial de Córdoba al obispo de la Diócesis, Demetrio Fernández, por delitos de incitación al odio tras las

---

logra con la confrontación, que deriva en descalificaciones y amenazas de demandas judiciales. Porque queremos integrar, dialogar y construir, pedimos la colaboración de todas las personas de buena voluntad con verdaderos criterios de comunión, y especialmente a nuestros fieles les pedimos su oración y su participación activa que nazca de auténticos criterios eclesiales.

6. Ahora, más que nunca, es necesario llevar la misericordia sanadora de Jesucristo a este mundo. Llamamos a los católicos de nuestras diócesis comprometidos en el servicio de la política, de la sanidad y de la educación, así como a los esposos y padres de familia, a las personas consagradas y sacerdotes, a colaborar, cada cual según su propia vocación, en la edificación de una cultura que venza las mentiras de las ideologías y se abra a la verdad de la creación y de la persona humana, garantía ineludible de la libertad. Bien sabemos que en esta tarea, verdaderamente misionera, necesitamos orar con las palabras del mismo Cristo, pidiendo al Padre: líbranos del mal. Luchamos contra el mal ganando para Jesucristo cada corazón, acudiendo a la intercesión de la Santísima Virgen María e invocando a San Miguel Arcángel. Luchamos contra el mal llevando el bálsamo de la misericordia a los que sufren la herida de la confusión y del error: su médico es Cristo y el hospital de campaña donde llevarlos y sanarlos es la posada de la Iglesia. Luchamos contra el mal, llevando a nuestras vidas lo realizado el pasado tres de junio al consagrar nuestras diócesis al Sagrado Corazón de Jesús, fuente de la verdadera misericordia y de la verdadera paz."La cursiva es nuestra.

últimas declaraciones del prelado sobre la ideología de género que se realizaron al portal infovaticana y con las que se sumaba a los Obispos de Getafe y Alcalá de Henares; uniéndose a esto que el diputado del PSOE por Córdoba Antonio Hurtado presentó un escrito ante la fiscalía en el que pedía que se investigara al obispo por si sus "reiteradas" declaraciones "ofensivas" hacia el colectivo de lesbianas, gais, transexuales y bisexuales suponían "un posible caso de discurso de incitación al odio". La solicitud, que el ministerio público unió a las diligencias ya abiertas, contaba además con el respaldo de unas 2.000 firmas a través de la plataforma change.org.; resultando el archivo por decreto de la fiscalía aplicando la doctrina de proscripción de causas penales generales, que no es otra que para iniciar una causa penal se debe fundamentar en un hecho concreto y no ser una denuncia genérica[86].

En 2017 son denunciados por sus homilías el arzobispo de Granada Francisco Javier Martínez por el observatorio contra la LGTfobia y el Párroco de Hospitalet al que la Generalitat abrió una diligencia en junio de 2017 por decir en una homilía que la homosexualidad es un pecado, siendo que en el primer caso se desestima por la fiscalía[87] y en el segundo no se abrió procedimiento administrativo por entenderse que no

---

86 https://www.diariocordoba.com/cordoba-ciudad/2016/09/15/fiscalia-archiva-generica-denuncia-obispo-36795243.html. Visitado 25/11/23.
Las declaraciones del Obispo pueden Consultarse en https://infovaticana.com/2016/08/11/demetrio-fernandez-la-carta-los-obispos-getafe-alcala-todos-los-obispos-compartimos-contenido/

87 El texto íntegro de la homilía se puede consultar en https://www.religionenlibertad.com/espana/58587/archivan-denuncia-del-lobby-gay-contra-arzobispo-granada.html

había infracción administrativa y que estas declaraciones estaban dentro de la libertad de expresión e ideológica[88].

Mas recientemente en 2022 encontramos otros casos similares, como el que concluye con el archivo de las diligencias abiertas por la fiscalía provincial de Santa Cruz de Tenerife en relación a Bernardo Álvarez, obispo de la Diócesis Nivariense, a tenor de unas declaraciones en un programa de la televisión en 2022 y por una denuncia del Sindicato Comisiones Obreras en las que comparaba la homosexualidad con la alcoholemia pero en las que también hablaba de pornografía y de los comportamientos inadecuados que llevan a considerar a la mujer como objeto con remisión en materia de homosexualidad al catecismo de la Iglesia Católica y al pecado[89].

Además de las denuncias se producen solicitudes de actuación a las autoridades de la iglesia en reprobación o sanción a las manifestaciones realizadas por algún ministro, como en 2023 por la homilía del párroco de la localidad albaceteña de San Pedro el 14 de agosto que provocó que se pidiera su cese desde varios colectivos. Sobre el contenido de la misma se publicó una grabación por La Vanguardia, según la cual para el sacerdote el hecho de que las parejas del mismo sexo se hayan convertido en algo común, no quiere decir "que sea normal" ni que "sea querido por Dios", "cada persona es libre en su elección, en sus decisiones, eso no quiere decir que esa libertad tenga que ser aceptada como algo normal, como lo correcto", de ahí que "su forma de vivir, esos criterios que se van

---

88 https://www.aciprensa.com/noticias/fracasa-intento-de-encarcelar-a-sacerdote-por-criticar-orgullo-gay-en-espana-61150

89 La repercusión supuso que se aprobase una moción de condena rotunda en el pleno del Cabildo de Tenerife, así como también una iniciativa en Change.Org por parte del colectivo LGTBI solicitando la dimisión del obispo. Se pueden ver las declaraciones en https://www.youtube.com/watch?v=kNR5CcT4T6g&t=56s

desarrollando, no estamos obligados a aceptarla", refiriéndose también a la ideología de género y su lenguaje que considera "contradictorio" ya que parece ser inclusivo y "resulta que rechaza a los otros" y es que "ya no hay que decir todas y todos, sino todes", lo que "no es inclusivo, es excluyente". El sacerdote se refirió a que una de las cuestiones "más radicales" que está imponiendo la ideología de género es "quitar esa línea entre lo diferente que es el varón y la mujer". Llama la atención la polémica suscitada por lo expresado en una homilía en relación a la ideología de género en el contexto de un discurso religioso, en una celebración religiosa, y que en este contexto fue objeto de un comunicado entre cuyos firmantes figuraban las Juventudes Socialistas de la provincia de Albacete, que asegura que las palabras del sacerdote de San Pedro "no tienen cabida en nuestra sociedad" y por ello piden al Obispado "la destitución inmediata" del párroco. Si atendemos a las expresiones utilizadas en el comunicado, estas no parecen la mejor forma de explicitar el desacuerdo, sino de aislar y descalificar con la expulsión de la sociedad e incluso solicitar al obispado su destitución, petición incoherente con las funciones y autonomía que corresponde al Estado y a las Confesiones religiosas.

Se da la circunstancia de que las reacciones y el entendimiento de este tipo de manifestaciones pueden realizarse de modo muy diferente aunque se repruebe o se critique pero con respeto a la libertad de expresión y religiosa desde la que se realizan, y como ejemplo de ello podemos tomar que ese mismo año en la Romería y posterior misa de la Virgen de Alarcos se dio lectura a la declaración de los obispos de Castilla – La Mancha en contra de la recién aprobada Ley de Diversidad Sexual y Derechos LGTBI[90], y que a la misma habían

---

90 La nota de los Obispos se puede consultar en https://alfayomega.es/los-obispos-de-castilla-la-mancha-muestran-su-preocupacion-por-la-ley-lgtbi-regional/ .Visitado 04/10/23.

acudido los portavoces del ayuntamiento de Ciudad Real; pues bien, excepto Unidas Podemos que criticó la lectura de la declaración, tanto la Alcaldesa como los ediles socialistas manifestaron que no era oportuna esta lectura en la misa, si bien reconocen que no le otorgan más importancia por estar en la libertad del párroco el hacerlo. Denotando con ello una posición crítica pero respetuosa.

La conferencia Episcopal Española o sus comisiones han aprobado diferentes documentos sobre esta materia que coinciden con el sentido de los discursos y homilías denunciados (independientemente del lenguaje y ejemplos más o menos acertados) y que reflejan la doctrina de la Iglesia Católica sin que estos hayan sido objeto de denuncia en lógico respeto a la libertad religiosa. Podemos remontarnos a 1987 con una nota doctrinal "Sobre algunos aspectos referentes a la sexualidad y a su valoración moral"[91], Nota con motivo de algunas iniciativas legales recientes 24 de junio de 1994, "Matrimonio, familia y uniones homosexuales"[92] así como el documento de la asamblea plenaria de la Conferencia episcopal de 2012 que aprueba el documento "La verdad del amor humano. Orientaciones Sobre el amor conyugal, la ideología de género y la legislación familiar", donde se refiere a la ideología de género y también en 2022 una nota de los Obispos de la Subcomisión Episcopal para la Familia y Defensa de la Vida "A favor de la dignidad e igualdad de toda vida humana ante la nueva Ley sobre salud sexual y reproductiva y de la interrupción voluntaria del embarazo y ante la Ley para la igualdad real y efectiva de las personas trans y para la garantía de los derechos de las

---

91 Disponible en https://doctrina.conferenciaepiscopal.es/wp-content/uploads/2022/12/1987_Sexualidad.pdf

92 Disponible en https://doctrina.conferenciaepiscopal.es/wp-content/uploads/2022/12/1994_Matrimonio-familia-y-uniones.pdf

personas LGTBI" y por último la "Nota doctrinal sobre la objeción de conciencia Para la libertad nos ha liberado Cristo"[93].

2. LIBERTAD DE EXPRESIÓN SOBRE LO CONFESIONAL O LO RELIGIOSO

Hemos visto como las manifestaciones que se realizan por los creyentes y ministros confesionales sobre la mujer y cuestiones de género son fuente de interés para el derecho y de conflicto jurídico. En el sentido inverso también son objeto de la atención jurídica las manifestaciones y acciones que desde instancias sociales, grupos, instituciones o individuos se refieren o afectan a las creencias religiosas, incluyendo en este tratamiento el relativo a los casos en que el objeto son figuras religiosas femeninas.

La libertad de expresión comprende su ejercicio en relación a las diversas dimensiones del hecho religioso como son las relativas a sus contenidos, ritos, acciones, comunidades, sujetos, ministros confesionales, desarrollo social y dentro de todo esto lo relativo a la mujer y el género, pudiéndose desarrollar los mismos en una enorme diversidad de formatos como películas, videos, carteles, performances y manifestaciones, como puede observarse en los casos que a continuación exponemos y en los que destacan las que se producen en el día de la mujer y otros días conmemorativos sobre los mismos. Realizamos un análisis en el que se incorpora una perspectiva de género con interrogantes en relación a aspectos que tienen que ver con la cosificación de

93 https://www.conferenciaepiscopal.es/nota-familia-defensa-vida-a-favor-dignidad-e-igualdad-toda-vida-humana/, https://doctrina.conferenciaepiscopal.es/wp-content/uploads/2022/12/2022_Objecion-de-conciencia.pdf. Visitado 01/12/23.

la mujer, partiendo para ello de algunas referencias de casos examinados en Europa y en nuestro país.

a. Referencias europeas

Nos centramos en las referencias, que podemos calificar como "clásicas" y obligadas en el derecho europeo y su jurisprudencia y que reflejan de modo revelador la evolución producida en este campo a la vez que muestran como estos casos comparten los rasgos de una representación de la mujer sexualizada.

Nos detenemos en el caso Otto Premienguer contra Austria y el caso Wingrove contra el Reino Unido y en contraste en el más reciente el caso Bouton contra Francia. En el primero que es sobre una película, el Concilio del Amor, la figura femenina religiosa es retratada y representada en referencia a aspectos sexuales, así se la caracteriza como una desvergonzada que realiza insinuaciones eróticas al diablo, en absoluta contradicción con su significado religioso. La sentencia del tribunal considera que el modo en que las doctrinas pueden ser negadas puede suponer la inhibición para ejercitar las creencias religiosas de modo pacífico en relación al artículo 9 del convenio[94]. El caso Wingrove contra el Reino Unido se refiere a la figura de Santa Teresa de Jesús objeto de un video musical con escenas sexuales con Jesús en la cruz y que se plantea por incurrir en el entonces delito de blasfemia tipificado en el Reino Unido.

---

94 Roca , M.J., "Impacto de la jurisprudencia del TEDH y la Corte IDH sobre libertad religiosa", *Revista Española de Derecho Constitucional,* 110, 2017, pp.253-281, Contreras Mazarío, J.M., "Libertad de expresión, libertad de conciencia y medios de comunicación: una análisis jurisprudencial", en Ballesteros Sastre, B. y Sánchez Gómez, ER., *Proceso penal, presunción de inocencia y medios de comunicación,* Aranzadi, 2018, pp. 17-24.

El tribunal europeo consideró que no vulneraba la libertad de expresión la denegación de la autorización administrativa para su difusión y exhibición[95]. Se observa como elemento común a estas sentencias *la referencia a la inhibición en el ejercicio de la libertad religiosa en conexión con la responsabilidad en el ejercicio de la libertad de expresión, lo que deriva en que se debe considerar que no se incurra en expresiones gratuitamente ofensivas y además podemos destacar como hay una coincidencia en la sexualización de la mujer en el tratamiento de estas figuras religiosas.*

Si nos trasladamos a la jurisprudencia más cercana de este tribunal el caso Bouton contra Francia pone el acento en el debate público y opaca, hasta hacerlos desaparecer, los aspectos que la jurisprudencia del Tribunal había venido valorando, de tal modo que ni el lugar, una iglesia de París, ni la escenificación con un hígado de buey representando al niño Jesús abortado, como elementos ofensivos gratuitos para un debate, parecen considerarse no ya como tales, sino que *desaparecen ante la valoración exclusiva de que se trata de un debate. No se realiza referencia a las expresiones o actuaciones como insultantes e innecesarias en el debate público sobre el aborto, sino como una aportación al mismo. Parece que se sustituye la valoración del acto objetivo, de los hechos, por la apreciación de la razón subjetiva* que motiva a la mujer protagonista a realizar la acción, sin referencia a la responsabilidad en el ejercicio de la libertad de expresión[96].

---

95 STEDH de 25 de noviembre de 1996.

96 STEDH de 13 de octubre de 2022. Crítica a la Sentencia en GONZALEZ, G., "Motivation insuffisante pour la condamnation pénale d´une Femen auteur d´une performarce pro-avortement dans une église en France: la surprotection de la liberté d´expresión selon la Cour européenne des droits de l´homme? (TEDH, 13 de octubre de 2022, Bouton c. France) " , *Revista General de Derecho Canónico y Derecho Eclesiástico del Estado* , 60, octubre 2022 y en PUPPINCK G., *Femen: ECHR supports anti-Christian blasphemy,* European Centre for Law

b. Referencias españolas

En España los tribunales han tratado también en numerosas ocasiones casos sobre la materia, esto es en relación al ejercicio de la libertad de expresión sobre lo religioso/mujer. Sin ánimo exhaustivo hacemos un recorrido en el que intentamos poner de relieve la diversidad de los mismos y los aspectos de interés para la reflexión desde una perspectiva de género.

Destacamos el hecho de que se reiteran los supuestos que se producen en el contexto del día de la mujer. Es el caso de la entrada en la Capilla de Somosaguas en el marco de una marcha del colectivo Contrapoder, el colectivo gay y el colectivo de mujeres y en la que se pronunciaron frases, como se recoge en los hechos del caso, del siguiente tenor: "Vamos a quemar la Conferencia Episcopal", "menos rosarios y más bolas chinas", "contra el Vaticano poder clitoriano", "sacad vuestro rosarios de nuestros ovarios", siendo filmados por una de las personas que entró en la capilla y donde la valoración del juzgado y de la audiencia difieren significativamente[97].

Se repiten los casos también en relación con las celebraciones del día del Orgullo LGTB. Así con el cartel de la Virgen de los Desamparados, de Endavant con motivo del orgullo en Valencia y el cartel con dos vírgenes besándose para convocar a los actos del orgullo LGTB, que anunciaba movilizaciones para reivindicar los derechos de este colectivo en Valencia, Palma y Barcelona los días 18, 28 de junio y 2 de julio[98]. En otro caso

---

& Justice, consultado 25, 08, 2023, https://eclj.org/free-speech/echr/femen—la-cedh-soutient-le-blaspheme-antichretien

97 Sentencia 69/2016 del juzgado de lo penal nº6 de Madrid y AP de Madrid de 16 de diciembre de 2016 una con condena por la acción realizada y otra con absolución de la acusada. TOL5.911.381 y 5.670.725.

98 El Juzgado de Instrucción 18 de Valencia inadmitió y archivó la denuncia interpuesta por la Asociación Internacional de Fieles Hogar

lo que se realiza es un Video en el Camarín de la Virgen de Monserrat en el día de la visibilidad lésbica en el que aparecen dos chicas besándose y tocándose ante la imagen de la 'Moreneta', siendo colgado en la plataforma YouTube de Arran y con nota de la organización en la que concreta que "Combatiremos la misoginia y la lesbofobia de instituciones como la Iglesia, defensora de una moral que nos esconde y nos tacha de desviadas, de enfermas y de querer destruir la familia"; justificando su acción con las siguientes palabras, "Profanaremos los símbolos y todo lo que representan las veces que haga falta" y "atentar contra la moral de la Iglesia" y "profanar sus símbolos sacros, en respuesta a sus constantes ataques a la forma de ser y vivir de las lesbianas"[99]. Manifestaciones que ponen de relieve una actitud muy concreta que en su expresión parece ir más allá de la crítica o el debate.

Se observa que las manifestaciones sobre materias que se ligan al feminismo, al género y a la sexualidad, toman unas formas de escenografía que utilizan como argumentario modos visualmente "provocadores" y llamativos. Se utilizan denominaciones que subvierten el significado que estas tienen en el ámbito religioso, así como referencias a las figuras femeninas religiosas con mayor difusión social como, las Vírgenes de

---

de la Madre de Todos los Hombres, Madre de la Juventud, en auto de 23 de junio de 2016, apelándose a la Audiencia Provincial que esta admitió para finalmente el Juzgado instructor, tras tomar declaración a los investigados y contra el criterio del Ministerio Fiscal, acordar el archivo en Auto de 13 de enero de 2019.

99 La Fiscalía Provincial de Barcelona rechazó la denuncia contra esta acción razonando que "no obstante, en el contenido del video expuesto públicamente no se efectúa escarnio, ni afrenta, mofa, burla, humillación, ofensa, insulto, injuria o ultraje alguno a los dogmas, creencias, ritos o ceremonias de la Iglesia Católica". Por su parte, el cardenal arzobispo de València, Antonio Cañizares hizo un llamamiento a los católicos y valencianos para un acto de desagravio.

reconocida implantación social y arraigo cultural y también se copian modos y ritos religiosos como en el caso de las procesiones ateas. Con estas características los casos de la "Primera Procesión Atea" de Lavapiés y "procesión de la anarcofradía del santísimo coño insumiso y el santo entierro de los derechos socio-laborales". Sobre la primera se pronuncia la sentencia TSJ de Madrid sala de lo contencioso administrativo, sección 9, desestimando el recurso contencioso-administrativo deducido contra la Resolución del subdelegado del Gobierno en Madrid de 14-04-2011, sobre la prohibición de la celebración de la convocatoria de manifestación. El segundo caso se produce en Sevilla con una performance como si fuera una procesión de Semana Santa, actos que tienen gran relevancia en la ciudad y en la que se exhibía una vagina gigante ataviada de forma semejante a las imágenes de la Virgen y profiriendo expresiones contra la Iglesia o que imitan oraciones incorporando palabras soeces[100] y otra procesión en Málaga denominada "Gran Procesión del Santo Chumino Rebelde" y cuya hermandad es denominada también por sus participantes como "Hermandad del Coño Insumiso"[101].

---

100 Sentencia del Juzgado de lo penal núm. 10. De Sevilla, núm. 448/2919 de 9 de octubre. TOL7.671.777.

101 Sobre la misma la Sentencia de la Audiencia Provincial de Málaga 226/2021 de 31/05/2021. TOL8.630.828, en esta se concreta respecto a las expresiones utilizadas y a la ponderación de derechos: "es entonces cuando debe valorarse si dichos hechos amparados en dicho derecho a expresarse libremente, dada la objetividad de la actuación desplegada en su ejercicio, *no solo perseguían el referido interés público y colectivo de la crítica, sino que encerraban la intención o propósito del agente de vilipendiar o escarnecer los sentimientos religiosos, estableciéndose así un equilibrio entre derechos,* en el que el derecho preferente, en este caso el de libertad de expresión, sólo prevalecería en tanto el exceso en su uso hiciera innecesaria e intolerable la lesión del derecho a él subordinado, *lo que quiere decir que el delito contra los sentimientos religiosos recuperaría su virtualidad cuando se acredite que se han*

c. *Mujer y sexualidad*

Las referencias sexuales a lo religioso son un reclamo eficaz desde el punto de vista del marketing y difusión del mensaje, ahora bien, no siempre está claro que se trate de una cuestión de crítica o debate sobre estas materias siendo difícil deslindar los aspectos propagandísticos o de marketing de los de una crítica y de una aportación al debate público, en el marco de la libertad de expresión, sobre las posturas religiosas o las creencias religiosas en relación a determinados temas.

---

utilizado expresiones o conceptos que aun aceptando un tono apasionado, combativo y hasta demagógico, resulten evidenciadores de escarnio a los sentimientos religiosos amparados por dicho derecho de libertad religiosa y de culto, *por no guarda relación o ser innecesarios para la información o crítica que se pretende ejercitar,* pues la libertad de expresión no puede en modo alguno considerarse ilimitada en su esencia y menos en su ejercicio, *admitiéndose unos límites naturales al ejercicio del derecho a la crítica derivados del empleo de expresiones formalmente escarnecedoras de los sentimientos religiosos y que sobrepasan el fin perseguido en las libertades constitucionales*" FJ.2; para valorar en el FJ.3 del siguiente modo "o, dado el contenido de los hechos en cuestión, que *nada indica obrara estrictamente motivada y guiada por un interés público y colectivo de la crítica,* en relación con hechos de trascendencia o de interés general que estimaba debían ser conocidos y valorados por los ciudadanos, pues la referencia a partes del cuerpo y efectos placenteros de algunas de ellas, *ni la versión ridiculizada de las oraciones del Credo y el Ave María, ni la referencia a la quema de la Conferencia Episcopal tachada de machista y patriarcal, cabe entender persiguieran el interés aludido, ni tuvieran directa relación con la defensa del aborto y el feminismo referidos en algunos momentos de la marcha, cuestiones estas cuya regulación a efectos jurídicos compete al Estado* y no a la Iglesia Católica u otras Confesiones religiosas, sin perjuicio ello de la opinión favorable o no a las mismas que puedan tener cada individuo, la Iglesia Católica u otras Confesiones religiosas y su normativa propia".
La cursiva es nuestra.

El hecho de que las referencias y discursos sobre las creencias religiosas, específicamente en el caso español sobre el catolicismo, se realicen en el contexto del día internacional de la mujer resulta paradójico ya que caen en expresiones y modos que sin embargo son criticados por las reivindicaciones feministas cuando se realizan desde otros contextos, así se manifiestan tanto contra la sexualización mediante la representación sexual y ridícula de la mujer y de las figuras femeninas, por ejemplo en contextos laborales[102], como contra la ausencia de la idea del empoderamiento, estos es la representación de la mujer como sujeto falto de criterio o autonomía[103] y sobre todo contra su reducción al ámbito sexual en sentido unívoco y no diverso. La crítica se realiza también en relación a la manipulación del feminismo y sobre las marcas y al uso del feminismo en contextos del capitalismo liberal en cuanto que no aportan valor sino que es un oportunismo apropiándose el marketing de los lemas feministas[104]. Esta crítica permite su traslado al ámbito de las creencias religiosas, así concretamente, por ejemplo, podemos plantearlo en relación a la pregunta que realizan Malnero y Moreno al analizar el uso en publicidad del día de la mujer y de los lemas feministas, uso que provoca en ocasiones resistencias al feminismo, y que interroga sobre si son realmente empoderadores los anuncios difundidos

---

102 Se toma como un valor positivo y necesario que en la publicidad y en los contextos laborales no se sexualice a la mujer Malnero del Llano, S. y Moreno Cano, A. "Análisis de los mensajes feministas y pseudofeministas de los anuncios lanzados para conmemorar el Día Internacional de la Mujer", *Feminismo/s,* 42, 2023, p183. Este mismo valor o aun con más razón debería considerarse en la crítica o reivindicación en contexto de creencias religiosas.

103 Empoderamiento: "Se entiende por empoderamiento el proceso que implica volverse más fuerte y más confiada, especialmente en el control de la propia vida, la consecución de la igualdad y la reivindicación de los propios derechos. Idem, p.155.

104 Idem.

el Día Internacional de la Mujer o si forman parte de lo que llamamos resistencias antifeministas. Bien, pues la pregunta la trasladamos al ámbito de las creencias religiosas, *esto es a las performances que se realizan en el día de la mujer en relación a lo religioso,* preguntándonos si ¿son empoderadoras de la mujer, como sujeto de libertad religiosa, o *en realidad son parte de resistencias antifeministas que la minusvaloran como sujeto de decisión?*

Lo cierto es que con motivo tanto del día de la mujer el ocho de marzo como de otros días relativos a cuestiones de género o sexuales *se producen manifestaciones, representaciones, etc. sobre figuras religiosas femeninas, sobre la mujer en el discurso religioso, sobre las instituciones eclesiales que, en unos casos, no reflejan sino una sexualización de la mujer a través de las referencias meramente sexuales a las figuras religiosas, con la reducción, por tanto de la mujer, a un objeto sexual y, en otros casos, lo que producen es un ataque a la autonomía de las creencias religiosas con la pretensión desde instancias públicas de descalificar las diversas antropologías religiosas en su concreción respecto a la mujer.*

El contrapunto social a estas manifestaciones lo constituyen determinadas valoraciones sociales que se reflejan en los reconocimientos públicos a figuras religiosas femeninas, de diversos modos, bien mediante patronazgos, festividades o el reconocimiento de títulos de Marianas para ciudades como Sevilla y Andújar y que transmiten una imagen positiva y con valor de la mujer a través de estas representaciones[105].

Hemos puesto de manifiesto casos en los que el tratamiento de las figuras femeninas religiosas se presenta con una fuerte

---

105 Desarrollo este tema en MELÉNDEZ-VALDÉS NAVAS, M., "Figuras, imágenes y representaciones religiosas femeninas, perspectiva de género y tratamiento jurídico" en *Secularización, cooperación y derecho.* Estudios en Homenaje a la prof. Dª Ana Fernández Coronado González, Ministerio de la Presidencia, Relaciones con las Cortes y Memoria Democrática, pp.403-409.

carga de sexualización de la mujer, de utilización de su cuerpo y de un estereotipo que reduce las críticas a la situación de la mujer a los aspectos sexuales y específicamente reproductivos. *Las reivindicaciones contra el sexismo, el hipotético patriarcado religioso y la discriminación se visibilizan, paradójicamente mediante una imagen absolutamente sexualizada; se presentan los órganos genitales femeninos como representación de la mujer y sus derechos,* se muestra el pecho femenino, se alude al aborto y se *banalizan figuras femeninas como reclamo de derechos de la mujer, así como también se utilizan estas figuras femeninas como reclamo para fiestas (nada más hetero patriarcal)* con referencias sexuales explícitas en una banalización que reduce cualquier imagen femenina a los aspectos sexuales. Este modo de proceder es propio de un enfoque que es profundamente criticado cuando se realiza, por ejemplo, en la publicidad o imágenes y textos públicos e institucionales, incluso en cine y literatura o música, donde se huye en virtud de la igualdad de la mujer y de la perspectiva de género, de transmitir una imagen sexualizada de la mujer.

Capítulo IV

El cuerpo femenino y las prácticas religioso/culturales

El cuerpo es el sustrato material, físico de la persona humana, pero es además muchas otras cosas desde diferentes perspectivas que se suman a esta consideración del mismo, de modo que es objeto de distintas manifestaciones de la cultura, como el arte, la religión y el derecho, y se concretan de modos particulares cuando se refieren al cuerpo femenino, siendo estas concreciones de tal relevancia e intensidad que han merecido la atención del derecho. A continuación, reflexionamos sobre el interés que tienen para el derecho algunas de las prácticas religioso/culturales sobre el cuerpo de la mujer, estructurando el análisis para su tratamiento en dos bloques, por un lado, las prácticas que tapan u ocultan el cuerpo de la mujer y por otro lado las prácticas que lo modifican e intervienen en el mismo.

En ambos casos es necesario detenerse en la importancia del factor migratorio ya que resulta imposible no considerarlo debido a su presencia en los supuestos con relevancia jurídica en materia de género, mujer y hecho religioso y es que el elemento religioso tiene importancia como factor de integración/no-integración del inmigrante no sólo desde el punto de vista del derecho de libertad religiosa, sino también del cultural e identitario.

Las prácticas religioso/culturales presentan una enorme importancia debido a la presencia social que tienen, de modo que nos sitúan frente a la libertad religiosa (en sus modos diversos de concreción dentro de su dimensión externa) planteando cuestiones relativas a uno de los retos más significativos a los que se enfrentan las sociedades multiculturales e interculturales con la gestión de la diversidad[106]. Parte significativa de dicha gestión es, como ahora expondremos, el establecimiento de los límites que el Estado puede fijar que son los que determinan el campo donde tienen lugar las cuestiones relativas al género y al sexismo o discriminación de la mujer[107]. En la relación de estas cuestiones con el fenómeno inmigratorio, no se trata de estigmatizar o de que el tratamiento jurídico este condicionado por este hecho en ningún sentido, sino de entender por qué son supuestos que no se habían planteado con anterioridad, que están presentes hoy y crecen en relevancia jurídica. Precisamente lo que explica la importancia que para el derecho adquiere la cuestión tiene su origen en la nueva realidad multicultural que deriva no sólo de un sistema de libertades, en términos jurídicos, abierto, sino de que en este contexto normativo aparecen realidades sociales y religiosas antes puramente anecdóticas y que ahora han derivado hace ya bastante tiempo en relevantes y de importancia social. Este hecho hace que las prácticas religiosas y culturales se sitúen en cuestiones que tienen que ver con la inserción/ integración y los diferentes modelos relativos a la misma que,

---

106 Así se refleja en relación a la igualdad de género en la comunidad Autónoma Andaluza en concreto la Ley 12/2007, de 26 de noviembre, para la promoción de la igualdad de género en Andalucía. BOE núm. 38 Miércoles 13 febrero 2008 en su artículo 49. Se refiere a "Mujeres migrantes. Los poderes públicos de Andalucía promoverán la integración, participación y *promoción de las mujeres migrantes, realizarán actuaciones para promover la interculturalidad y el valor de la diversidad dentro de un marco de derechos y de igualdad plena de las mujeres,* elaboran por el acceso al empleo y a los servicios de las mujeres migrantes y concederán protección en situaciones de violencia de género".

107 SOUTO GALVÁN, B; "Discurso del odio: género y libertad religiosa", *Revista General de Derecho Penal,* 23, 2015, p. 4.

sin ser objeto de este estudio, están en el trasfondo del tratamiento jurídico de la materia.

La siguiente reflexión se centrará dentro de las diversas prácticas en aquellas que se refieren al tratamiento del cuerpo de la mujer o que giran en torno al mismo por ser las que de un modo claro podemos calificar como de género y que al ser actuaciones sobre el cuerpo fenenino tienen el efecto de visibilizarla/invisibilizarla, cambiarla/modificarla/construirla.

1. TAPANDO/OCULTANDO EL CUERPO DE LA MUJER

En las prácticas religioso/culturales sobre el cuerpo de la mujer tienen un lugar destacado las prendas que ocultan, tapan o cubren, en alguna medida, su cuerpo por razones religiosas, siendo por ello que han tenido relevancia jurídica tanto en la doctrina como en la jurisprudencia en el contexto europeo y español.

En estas prendas ocupa un lugar central el velo islámico y otro tipo de prendas como el burkini o la abaya. Los aspectos jurídicos que plantean el uso de las prendas que tapan y ocultan el cuerpo de la mujer son un tema por definición femenino, religioso, cultural e identitario y de género como pasamos a exponer.

En primer lugar, se trata de un tema femenino, una cuestión de género, porque se refiere exclusivamente a la mujer como sujeto portador o como sujeto vinculado por una obligación o práctica religiosa, lo que se debe tener en consideración en relación a los valores que transmite y representa para la mujer.

El significado de las prendas de vestir, del vestido, y la moda es muy rico y se puede constituir tanto en elemento de represión como de liberación lo que supone en ambos casos que se entiende que la mujer se encontraba reprimida socialmente. Se trata de una cuestión no superada y valga como referencia el uso de la ropa por modernos diseñadores para poner de manifiesto este aspecto de la misma llevando incluso a utilizar prendas y elementos que se descontextualizan[108]. A esta realidad del vestido como elemento de moda, de reivindicación y denuncia no escapan las prendas islámicas. Se despliega dentro de su uso un significado de reivindicación de la dignidad femenina[109] y como parte que son de la moda comprende un elemento que es el de sensación gratificante de pertenencia al grupo[110], este aspecto colectivo, de identidad de grupo, en relación a prendas religiosas, tiene especial fuerza en el caso del islam, uniéndose al mismo los aspectos identitarios que entran en juego cuando se habla de grupos migratorios y de la configuración de identidades en las segundas y terceras generaciones de inmigrantes. En este contexto se inserta la consideración, que se refleja en alguna jurisprudencia, *de que son prendas que se perciben y valoran como cuestión de género y que*

---

108 La diseñadora Westwood, ejemplo de "desafío" a la autoridad, utiliza diversos métodos para socavarla mediante la moda como sus criaturas punks que se adornan con cruces de hierro y esvásticas como emblemas de un nihilismo. ABAD ZARDOYA, C., "El sistema de la moda. De sus orígenes a la postmodernidad", *Emblemata,* 17, 2011, pp. 55.

109 Idem.

110 IBID., nota a pie de página76. Se refiere a que en aquellos países donde la obligatoriedad no es estricta los velos tradicionales se restringen a los círculos más conservadores o desfavorecidos económicamente y las prendas como el hiyab o el burkini se integran en el "sistema moderno de la moda", por otro lado existe el llamado, hiyab fashion relacionado con la alta burguesía de Oriente Medio que incluso tiene una revista propia de difusión y existe numerosas publicaciones especializadas en moda islámica que cultivan una imagen desenvuelta e incluso "rebelde" de la nueva mujer musulmana que ha llevado a la creación de una asociación "Sólo modelos veladas" en Facebook.

se las menciona como símbolo de discriminación de la mujer *y de transmisión de valores contrarios a los aceptados por Europa.*

En segundo lugar el portar o usar estas prendas es una cuestión religiosa por cuanto responde a un ámbito religioso concreto, el musulmán y a las diferentes interpretaciones y escuelas dentro del mismo, prueba de ello es que la imagen visual que identifica de manera inmediata el islam es la de una mujer con velo. El aspecto religioso del velo o de otras prendas islámicas es innegable. El uso del vestido y sus complejidades se corresponde con el derecho islámico, esto es con la Sharía y el Corán, la Sunna y los quiyás[111], siendo que existirá obligación

---

111 El Corán es una de las fuentes del derecho islámico, y establece las líneas maestras en todas las relaciones sociales pero dado que no tiene un carácter jurídico se recurre a la aplicación de las costumbres proféticas o hadith y el iyma o consenso entre la comunidad islámica o expertos en leyes de una región para dar una solución a un problema no planteado ni en el Corán ni en la Sunna y el quiyás que es el razonamiento o interpretación realizada por los ulemas para solucionar las lagunas jurídicas. No cabe por ello una interpretación textual del Corán.
Los textos de referencia que se suelen citar : Azora 33, aleya 59: "Profeta. Di a tus esposas, a tus hijas y a las mujeres de los creyentes que se cubran con el manto. Es lo mejor para que se las distinga y no sean molestadas. Al-lâh es indulgente, misericordioso". Azora 24, aleya 31: "Di a las creyentes que bajen la mirada, que sean castas y no muestren más adorno que los que están a la vista, que cubran su escote con el velo y no exhiban sus adornos sino a su esposo, a sus padres, a sus suegros, a sus propios hijos, a sus hijastros, a sus hermanos, a sus sobrinos carnales, a sus mujeres, a sus esclavas, a sus criados varones fríos, a los niños que no saben aún de las partes femeninas. Que batan ellas con sus pies de modo que descubran sus adornos ocultos. ¡Volveos todos a Al-lâh, creyentes! Quizás, así prosperéis". Azora 33, aleya 53: "Cuando pidáis un objeto a sus mujeres, pedídselo desde detrás de una cortina. Esto es más puro para vuestros corazones y para sus corazones". Y un alhadiz: ¡Ayesha cuenta que Asmaa, hija de Abu Bakú, vino al mensajero de Al-lâh llevando

religiosa o no según las diferentes escuelas por lo que no cabe una afirmación general. Dada esta falta de unidad en su consideración como prescripción y en relación al tipo de prenda, su uso ha sido considerado en su tratamiento, simplemente, como manifestación de la libertad religiosa externa[112].

En tercer lugar, el llevar estas prendas islámicas nos sitúa en una cuestión cultural e identitaria, aspecto que no excluye que sea símbolo religioso. Se trata de una realidad diversa en la que el elemento unificador es su adjetivación como islámico y el ser llevadas por mujeres. Bajo la denominación del velo islámico se agrupan prendas con diferencias sutiles o significativas, según el caso, entre ellas y que afectan a diversas partes del cuerpo no solo a la cabeza; englobándose de modo genérico bajo el paraguas del velo islámico también otras denominaciones occidentales incorporadas a la consideración de prenda

ropas finas! Él se acercó a ella y dijo: "Oh Asmaai. Cuando una chica llega a la edad menstrual no debe dejar ver nada más que esto y esto" y señaló la cara y las manos. KUNG, H., El *Islam. Historia, presente, futuro*, Ed. Trotta, Madrid, 2004, pp.689.

112 Respecto al carácter obligatorio o no del velo encontramos que cuando se plantea está cuestión se recurre en muchas ocasiones directamente al texto del Corán y a los pasajes que se refieren al vestido realizando la interpretación más o menos acertada del mismo. Y es que de la interpretación directa sobre el texto se deduce el carácter recomendable pero no obligatorio del uso del velo dentro del conjunto de las prácticas islámicas pero es necesario tener en cuenta los instrumentos de interpretación dentro del islam y de ahí que las escuelas jurídicas islámicas no tienen una interpretación común sobre el vestido/velo, variando también las prescripciones sobre las partes del cuerpo que hay que ocultar porque el Corán no fija exactamente cuáles son las partes del cuerpo que hay que tapar; por ejemplo, los sunníes y los chiíes determinan su obligatoriedad radical.

islámica como es el caso del burkini[113]. Algunas de ellas son el chador, hiyab, burka, niqab, la bandana, el jilbab y el burkini, a las que se ha sumado como la última de las prendas en adquirir relevancia jurídica la abaya, prenda que con forma de bata cubre el cuerpo de los pies a la cabeza con o sin velo propiamente dicho. Los distintos tipos de prendas se entienden y se fundamentan en su uso dentro de las prescripciones que el islam realiza sobre el vestido, siendo que es por ello por lo que no se limita a un velo que cubre la cara o cabeza, sino también a prendas que cubren el cuerpo de la mujer.

Los aspectos religioso y cultural se presentan unidos, entre otras razones, por la falta de diferenciación entre cultura y religión en el islam, consecuencia de la no distinción de las esferas religiosa y secular. De ahí que el velo y otras prendas puedan entenderse como elementos que simbolizan esta unidad secular/religioso/social, y representan la identidad colectiva , siendo que además en el islam lo colectivo comprende todo lo demás de tal modo que el ser individual es ser social pero con una primacía de lo colectivo sobre lo individual. Se trata de un significado que opera de modo radical en aquellos casos en los que la mujer oculta su rostro completamente y se pierde el elemento de identificación cotidiano en la vida social siendo que es borrada, pierde su individualidad y por lo tanto desaparece para la sociedad como individuo, tomando en estos casos la prenda un carácter despersonalizador. Esto está en el trasfondo de determinadas regulaciones en el contexto europeo ya que en la sociedad europea rige el principio de separación y existe una distinción de esferas, habiéndose realizado

---

[113] Se trata de una prenda que fue creada por una diseñadora libanesa Aheda Zanetti para adaptar el burka al baño. El burkini es objeto de censura entre los sectores del islamismo más ortodoxo, para quienes la prenda dibuja en exceso las líneas femeninas. ABAD ZARDOYA, C., op.cit. p.58.

un proceso de secularización donde priman los derechos de los individuos y que ha sido interiorizado en los diferentes ámbitos y estructuras.

Desde una perspectiva de género estas prendas tienen trascendencia como pone de manifiesto la existencia de pronunciamientos jurisprudenciales cuyo número en el ámbito europeo constata que, *aunque algunos planteamientos pretendan que el uso de la prenda no es conflictivo y que se trata de una polémica artificiosa, la realidad jurídica que es sólo un síntoma de la conflictividad social nos pone de manifiesto lo contrario.*

En el recorrido por la jurisprudencia no puede olvidarse que nos movemos dentro de diferentes modelos de relaciones del Estado con las confesiones religiosas y de integración y que, por lo tanto, es necesario que tenga un lugar el margen de apreciación de los Estados para que el sistema no quiebre y no se rompa la congruencia de los diversos sistemas jurídicos. El margen de apreciación no permite a los Estados operar sin control, sino que supone el funcionamiento del sistema de protección de derechos europeo con respeto a sus sistemas legislativos y tradiciones jurídicas, fruto de la identidad propia. En este panorama es en el que se explica que mientras que el modelo de laicidad francés es excluyente, el español responde a una laicidad positiva o abierta y de ahí que en relación al tratamiento del uso de estas prendas quepan notables diferencias. Considerando esto *habrá que analizar por qué la idea francesa de laicidad y de prohibición de uso de determinadas prendas religiosas ha tenido un efecto propagador en otros países europeos concretamente en el caso de prendas que invisibilizan a la mujer.*

Antes de las diversas referencias a la jurisprudencia española y europea nos detenemos en la significativa Resolución de la Asamblea Parlamentaria del Consejo de Europa sobre islam, islamismo e islamofobia[114]. Comenzamos por la misma ya que de su texto se deduce la tensión o la *realidad dialéctica que representa el velo en sus formas más extremas y que se refleja en la jurisprudencia.* La Resolución se refiere a que el uso de las formas de velo como el burka o el niqab es percibido como símbolo de la sumisión de las mujeres y que dificulta su actividad social y se refiere a que la interpretación tradicional del islam de la igualdad de las mujeres no es compatible con la democracia y con la dignidad humana e insta a abandonar este tipo de interpretaciones en el islam. Pese a todo se señala que una prohibición general podría tener el efecto contrario al deseado y mantener a las mujeres musulmanas confinadas. Se insta a los Estados miembros a desarrollar políticas específicas para educar a las mujeres musulmanas en el conocimiento de sus derechos, para ayudarles a participar en la vida pública, así como a ofrecerles las mismas oportunidades de llevar una vida profesional y lograr la independencia económica y social. También señala que el hecho de *llevar el velo y, sobre todo, el velo integral se percibe como una manifestación de la sumisión de las mujeres a los hombres y les impone que no participen o les dificultan su vida en sociedad, entendiendo que la tradición de llevar velo puede representar una amenaza para la dignidad y la libertad de las mujeres* no pudiendo permitirse que no sean protegidas estas por los Estados[115]. El texto revela *la dificultad de los elementos a considerar y pone de manifiesto que en estos hay, que opera, una tensión entre la autonomía de la mujer y su presunción de libre actuación y una concepción en la que prima la perspectiva de la sumisión como presunción en el uso de determinadas prendas o prácticas.*

---

114 Resolución 1743, 2010.

115 Areces Piñol , Mª T., "Limites a la expresión individual de la libertad religiosa: "El Burka "Incompatible con la igualdad de sexos", *Revista General de Derecho Canónico y Derecho Eclesiástico del Estado,* 18, 2008, p.10.

La legislación francesa y los pronunciamientos del Tribunal Europeo sobre la misma han marcado el camino europeo en relación a la prohibición del uso de determinadas prendas islámicas.

En el periplo francés en la materia son de interés los informes y consultas del Consejo de Estado, de la Comisión de las Leyes constitucionales de la legislación y de la Administración General de la República y del Consejo Constitucional Francés. Como Estado laico por excelencia Francia se sitúa como referente y todas las reflexiones europeas sobre el tema se fijan irremediablemente en las actuaciones del Estado francés, con el componente añadido de tratarse de un país donde la inmigración está en la segunda fase, centrándose en la segunda y tercera generación en cuanto a los conflictos que puede producir su no integración[116].

La cuestión de la igualdad de sexos, la cuestión de género aparece de modo constante en relación a las prendas islámicas, así de modo directo en un caso en el que se negará la nacionalidad francesa a una mujer marroquí casada con un francés por llevar burka *por un comportamiento incompatible con los valores esenciales de la sociedad francesa, entendiendo que se trata de una*

116 "El 23 de junio de 2009, la Conferencia de Presidentes de la Asamblea Nacional, constituyó una comisión informativa parlamentaria que concluye con un informe y recomendaciones en enero de 2010, con el objetivo de hacer un estudio, sobre cuál era la situación del uso del velo integral, sus consecuencias sociales y su articulación con los principios de la República francesa. ARECES PIÑOL, Mª T.," La prohibición del velo integral, Burka y Niquab", *Revista General de Derecho Canónico y Derecho Eclesiástico del Estado*, 24, 2010. TOL9.074.516. Sobre el uso del velo destaca también el Informe de la Comisión Stasi en función del que se aprueba la ley de 2004 que prohíbe los símbolos religiosos ostentosos en las escuelas .Como consecuencia de la aplicación de la norma los casos en el TEDH de Kervanci contra Francia, Dogru contra Francia de 4 de diciembre de 2008.

práctica radical de su religión que es incompatible con los valores esenciales de la comunidad francesa y en concreto con el principio de igualdad de sexos, considerando que se constata que la mujer vive totalmente sometida a los hombres de su familia a pesar de que la interesada opone que se trata de una situación protegida por su libertad religiosa[117]. Está presente también en relación a las valoraciones sobre prohibir el burka. Así, ante la posibilidad de legislar sobre la prohibición del burka realiza un Informe el Pleno de la Asamblea General del Consejo de Estado francés, el 25 de marzo de 2010, en el que la cuestión de la igualdad de sexos junto con la seguridad pública constituyen los elementos que llevan a que, pese a ser discutible jurídicamente su eficacia, se propongan medidas para su prohibición, *sin dejar de destacar la problemática en relación a la decisión voluntaria y libre de la mujer* y el conocimiento de esto, siendo que es en su relación con otros elementos del orden público material donde encontraría justificación su prohibición[118]. También se realizará sobre el proyecto de ley un análisis por la Comisión de las leyes Constitucionales de la legislación y de la Administración general de la República para ver si era contraria a la Constitución y

---

117 Areces Piñol, Mª T. , "Límites a la expresión individual de la libertad religiosa: El burka...,op.cit, (2ème et 7ème sous-sections réunies), requête nª 286798. Fátima El Morsli contra Francia, STEDH, 4 de marzo de 2008, n.106 inadmitió la demanda sobre la posible violación del derecho a la libertad religiosa de la demandante, en base al artículo 9 CEDH.

118 Informe del Consejo de Estado Francés relativo a las posibilidades jurídicas de prohibición del uso del velo integral, Guillén López E., (trad.), *Videtur Quod: anuario del pensamiento crítico*,1, 2009, p. 1 y ss. https://www.researchgate.net/profile/Enrique-Guillen/publication/47328082_Informe_del_Consejo_de_Estado_Frances_relativo_a_las_posibilidades_juridicas_de_prohibicion_del_uso_del_velo_integral/links/00b7d52efc823d1b6e000000/Informe-del-Consejo-de-Estado-Frances-relativo-a-las-posibilidades-juridicas-de-prohibicion-del-uso-del-velo-integral.pdf

a la Convención europea, concluyendo su fundamento en la Constitución en el orden público material e inmaterial[119]. La Comisión consideró que desde el punto de vista jurídico, ni el principio de laicidad, *ni el principio de igualdad de sexos,* ni la salvaguarda de la dignidad de la persona humana, *pueden constituir el fundamento jurídico de una prohibición general.* Es decir que la cuestión de que la prenda sea discriminatoria de la mujer no constituye fundamento para su prohibición general.

A pesar de esto la norma de 2010[120] fue aprobada por una mayoría abrumadora y sobre ella el Consejo constitucional señaló que no violaba la Constitución Francesa, por lo que fue

---

119 ARECES PIÑOL, Mª T.," La prohibición del velo integral, op.cit.,p. 19. Para la autora queda clara la intención de que no se trata de castigar con la configuración de un nuevo delito en el código penal a la mujer portadora, sino aquellas situaciones en las que hay un abuso de poder u otra situación de control sobre ellas.

120 Número 1192/ 2010. Se establece que ninguna persona podrá estar en un espacio público (vías públicas, lugares abiertos al público, servicio público), con el rostro oculto, establece penas de multa máxima de 150 euros o trabajos comunitarios, e introduce en el Código Penal en el art. 225-4-10 pena de un año de prisión y una multa de 30.000 euros, que se elevan dos años y 60.000 euros en los casos de que se refieran a menores; en aquellos supuestos en que se obligue a una o más personas a ocultar su rostro por amenazas, violencia, coacción, abuso de autoridad o abuso de poder, debido a su género. Los antecedentes de esta legislación francesa se remontan a 1937 en una norma que prohíbe cualquier forma de proselitismo en centros escolares y en concreto en 1989 se produjeron una serie de conflictos con el chador como protagonista, siguiendo en 1998 con la Circular de Jospin y la Circular Bayron en 1994 que produjo la expulsión de alumnas con velo, todo ello en torno a la laicidad, continuando con la Comisión Stasi y la Misiónd´informtion "sur la question du por des insignes religieux á l´éscole" que tendrá como fruto la aprobación de la ley del velo de 15 de marzo de 2004, que determina que en las escuelas, colegios e institutos públicos queda prohibido el porte por los alumnos de signos o indumentaria por

promulgada el 11 de octubre de 2010[121], siendo inmediatamente de su entrada en vigor objeto de un recurso que llevo al pronunciamiento final del TEDH en la sentencia SAS contra Francia en la que el gobierno justifica en *la discriminación de género y la afectación de la sociabilidad y la convivencia* el hecho de prohibir tapar el rostro, asumiendo el Tribunal este argumento. Se introduce en la misma *la consideración del elemento de la convivencia común y los valores de un Estado como criterio necesario para en una sociedad democrática establecer limitaciones admisibles al uso de símbolos religiosos, en la que está presente la cuestión de la igualdad entre hombres y mujeres como elemento imprescindible de los Estados democráticos y de una individualidad que se plasma en la identificación personal y no en la colectiva*[122].

La conflictividad del velo islámico persiste y se ha extendido a otras prendas en el contexto francés, así la última prueba es la propuesta realizada por el ministro de educación francés

---

los que manifiesten ostensiblemente una pertenencia religiosa, desarrollándola la Circular de 8 de mayo de 2004.

121 En el memorando explicativo que acompaña el proyecto de ley se recoge que "si existe un problema sistemático frente a los encubrimientos, es porque es simplemente contrario a los requisitos básicos de la "vida juntos en la sociedad francesa" y que "el ocultamiento sistemático de la cara en espacio público, es contrario a los ideales de fraternidad", y "al requisito mínimo de civilidad necesaria para la relación social".

122 STEDH asunto SAS contra Francia 4385/2011. Meléndez- Valdés Navas, M., *Derecho de libertad religiosa, pluralismo religioso y espacio público,* Tirant lo Blanch, 2017, p.119. Crítica a la sentencia: Polo Sabau, J.R., "La prohibición del velo islámico integral en el espacio público: el concepto de vida en comunidad como límite a los derechos fundamentales en el caso S.A.S contra Francia", en *Complejidad del espacio público, democracia y regulación del ejercicio de derechos, fundamentales,* coord. Aláez Corral, B., Ministerio de la Presidencia, Justicia y Relaciones con las Cortes, Centro de Estudios Políticos y Constitucionales, 2016, pp.75-156.

sobre la prohibición de la abaya, y que ha provocado como reacción la intención de que sea recurrida al Consejo de Estado Francés. Sobre la cuestión "El Consejo Francés de Culto Musulmán declaró en junio que la abaya "no es un signo religioso musulmán"[123] y destacó que "en la tradición musulmana una prenda de vestir de cualquier tipo no es un signo religioso en sí mismo". Aunque ha tomado relevancia con el anuncio del ministro, se trata de una cuestión que se había planteado en la vida cotidiana de los centros públicos, siendo reclamada por los sindicatos por provocar dudas y conflictos sobre su tratamiento de acuerdo con la aplicación de la ley de símbolos religiosos. Por ello se ocupó del tema una circular de Educación Nacional que consideraba la abaya al igual que los pañuelos y las faldas largas como prendas que pueden ser prohibidas si "*se usan de tal manera que manifiesten ostensiblemente una afiliación religiosa*". La cuestión se enmarca en lo que se ha denominado como ataques al laicismo, considerándose que estos han tenido un aumento significativo de un 49%[124]. Se pone en el centro del tema, de nuevo, la discusión sobre si se trata de un elemento religioso o no, cuestión difícil de delimitar pues los razonamientos oscilan entre por un lado, sí para los musulmanes lo es, con pronunciamientos de líderes religiosos musulmanes sobre ello, y por otro lado, la consideración por parte del

---

123 Esta prenda se asocia especialmente con Arabia Saudita en el sentido de que fue obligatoria hasta 2018 y es parte de la denominada moda modesta. Sobre la identidad musulmana y su predicación por determinadas redes BERGEAUD- BLACKLER , F., *Le Frérisme et ses réseaux,* l'enquête", Éditions Odile Jacob, 2023.

124 https://www.larazon.es/internacional/que-francia-quiere-prohibir-ahora-uso-tunica-femenina-islamica-abaya_2023082864ec46699598e300019906c5.html, https://notipress.mx/internacional/que-es-la-abaya-y-por-que-francia-la-prohibe-16736, https://www.europapress.es/internacional/noticia-consejo-estado-francia-debatira-peticion-contra-prohibicion-abaya-aulas-20230904210929.html. Visitado 12/02/24.

Estado o de las autoridades públicas, *entendiendo que lo es o no en función de la percepción que la sociedad tiene del mismo*[125]. El consejo de Estado finalmente ha avalado que la prenda demuestra notoriamente la afiliación religiosa en un ambiente escolar el 7 de septiembre de 2023.

La jurisprudencia europea sobre el velo se concentra, en los países en los que hay una interpretación de la laicidad, como en el caso francés, que comprenden la "eliminación" de símbolos religiosos en espacios públicos como factor de protección y de plasmación de la misma. Encabezando estos pronunciamientos encontramos el caso de Leyla Sahin en el contexto de la laicidad turca que se refiere a una estudiante universitaria turca que en contra de la reglamentación universitaria porta el velo en las clases por lo que se le impide asistir a las mismas y a exámenes, siendo expulsada por un semestre. El Tribunal de Estrasburgo desestimó este recurso contra el Estado turco en sentencia de 29 de junio de 2004. El caso aunque se centra en la laicidad y la protección del sistema propio con el establecimiento de límites porque las creencias no deben interferir en el orden político, califica la prenda como *discriminatoria y sexista*[126], citando como *objetivo del Consejo y principio del convenio la igualdad de género.* El razonamiento liga la laicidad, la realidad política turca *y la igualdad de la mujer* como elemento en juego en relación al fundamentalismo y sus manifestaciones. El contexto turco no puede ignorarse en el análisis de la resolución ya

---

125 La antropóloga Florence Bergeaud-Blackler advierte en «Le Figaro» que lo que está en juego detrás de todas estas batallas (hiyab, burkini, halal y ahora abaya) es la capacidad de delimitar lo que es religioso y lo que no lo es. «Lo que está haciendo el ministro Gabriel Attal me parece muy importante, porque equivale a recuperar el derecho del Estado a decir lo que es religioso y lo que no lo es» https://www.larazon.es/opinion/abaya-sobremusulmanismo_2023090164f115549598e30001a1afc5.html. Visitado el 04/03/2024.

126 STEDH, 29 de junio de 2004, n. 65.

que resulta determinante para la misma, aspecto que no parece pesar en las críticas a la sentencia en relación a la cuestión de género que, por el contrario, se centran en entender que se establece una limitación no justificada a la mujer adulta, autónoma en su elección de portar una prenda religiosa con una automática equiparación entre el velo y la discriminación de la misma[127].

Otro de los casos de referencia es el de Lucía Dahlab contra Suiza donde una maestra convertida al Islam y tras varios años portando el velo es instada por las autoridades escolares a quitárselo y finalmente se pasa a prohibirle su uso[128], siendo confirmada la prohibición por el Tribunal por la legitimidad en una sociedad plurirreligiosa de los Estados para establecer limitaciones como *garantía del sistema y del interés común* pero *sobre todo por el hecho de que el velo es difícilmente conciliable con la igualdad de sexos* y la profesora es una autoridad que representa al Estado ante alumnos de corta edad. En su demanda la profesora alegó *discriminación por ser mujer* ya que no existía limitación para el varón, pero la sentencia se centra en la garantía de la neutralidad en relación a los alumnos de corta edad. Se trata de la misma situación, antes comentada, en cuanto a que se valora el significado de la prenda por el Tribunal en un determinado contexto, determinando en su interpretación que es *proselitista y negativo* para los alumnos *por el significado que trasmite* y por lo tanto justificando la limitación. El significado que prima, o así se considera, no es el religioso sino el discriminatorio. En este caso el contexto es diferente al turco por lo que se puede considerar que la idea de que la "criminalización" de la prenda incide de modo directo en

---

127 GUTIÉRREZ DEL MORAL , M.J. , "Libertad religiosa e igualdad de género en la Jurisprudencia del Tribunal Europeo de Derechos Humanos" , *Revista Catalana de Dret Public* , 66, 2023, p.212.

128 STEDH,15 de febrero de 2001, n 27, recurso núm. 42393/98.

relación a la libertad de la portadora y es por ello calificado, por algunos autores, como paternalista su tratamiento[129].

La cuestión llegará en Suiza al extremo de que se incorpora en la Constitución federal la prohibición que lleva a que el velo integral no pueda portarse en los espacios públicos después del referéndum de 7 de marzo de 2021[130], hecho precedido por el veto al velo en el Cantón de Ticinio en 2013 y por una iniciativa por parte del Cantón de Aargau, en 2012 aunque esta fue rechazada. La iniciativa para la incorporación en la Constitución parte, entre otros, de *grupos feministas y de musulmanas liberales* y se plasma en el contenido de su artículo 10, exceptuándose el hecho de llevar el rostro cubierto en los lugares de culto e incorporando que no puede nadie obligar a una persona a ocultar su cara por su sexo. Las motivaciones que el *Comité promotor sustentaba consideraron que se protege la libertad religiosa y que se destierra una concepción de la mujer como objeto de deseo a la que hay que esconder.* Pese a lo expresado por el Consejo General, al superar esta el control de validez que este reconoce, y de acuerdo con las cifras de respaldo popular que obtuvo, parece clara

---

129 Gutiérrez del Moral , M.J. , op.cit.,p.211.

130 Para los partidarios de la reforma *se lucha contra la autoexclusión de la mujer* y era una cuestión a decidir por el pueblo de ahí el mecanismo elegido. El Consejo Federal, pese a calificar de inoportuna la prohibición justifica tomando como referencia la sentencia del caso S.A.S. contra Francia, Faggiani, V., "La Constitución Suiza velada: La prohibición del burka en el contexto de las tendencias regresivas de la democracia europea", *Anuario de Derecho Eclesiástico del Estado,* XXXVIII, 2022, pp.556-557, 571.
Sobre el uso del burka Polo Sabau, J.R. , "Sobre los límites de la libertad religiosa y la prohibición del burka en espacios públicos", en *Nuevas tendencias en la interpretación de los derechos fundamentales,* Gimeno Sendra, J.V., García, M.T., (coord.) Universitas, 2015, pp. 185-192.

la percepción de la sociedad suiza sobre la materia, incluidos sectores feministas, sobre el ocultamiento del rostro[131].

En Bélgica también se instaura una prohibición por ley de 1 de junio de 2011 que "prohíbe el uso de cualquier prenda que oculte totalmente la cara", siendo recurrida ante el Tribunal Constitucional y resultando rechazado el recurso por no apreciarse violación de la libertad religiosa y considerar que la prohibición que contenía era necesaria para proteger el orden público y la seguridad pública. Entiende el tribunal que *se trata con esta norma de defender un modelo de sociedad que da prioridad a los lazos filosóficos, religiosos y culturales que fomentan la integración de todos y garantizan a los ciudadanos valores comunes como el derecho a la libertad de conciencia, la democracia, la igualdad del hombre y de la mujer y también la separación de Iglesia y Estado*[132]. Sobre la aplicación de la norma se pronunciará el TEDH, siguiendo la misma línea que la de la sentencia del caso SAS contra Francia en la sentencia Berlcami y Oussar contra Bélgica y Dakir contra Bélgica[133]. La sentencia confirma que no vulnera el Convenio, si bien, se vuelven a producir las críticas en relación a que a las mujeres a las que afecta no les soluciona ni evita el aislamiento que se achaca al uso de prendas que las ocultan y que, en consecuencia, su prohibición no haría sino estigmatizarlas más y recluirlas de modo mayor. Este tipo de afirmaciones, sin embargo, no se apoyan en ningún estudio o informe ni constatación estadística o sociológica de la que tengamos referencia.

---

131 FAGGIANI, V., "La Constitución Suiza velada: La prohibición del burka en el contexto de las tendencias regresivas de la democracia europea", *Anuario de Derecho Eclesiástico del Estado,* XXXVIII, 2022, pp. 556- 557.

132 Sentencia 145/2012, de 6 de diciembre de 2012.

133 STEDH de 11julio de 2017 : Asunto Belcacemi y Oussar contra Bélgica y asunto Dakir contra Bélgica. TOL6.409.318.

Pero, no solo se trata del velo, como hemos visto, sino también de otras prendas incluidas aquellas que no son de tradición islámica. Concretamente son los casos que se han planteado con el denominado burkini, marcando también aquí el camino los supuestos planteados en Francia. Arranca en 2016 cuando se hizo una propuesta a iniciativa de una ONG para reservar un parque acuático, cerca de Marsella, solo para mujeres y autorizando el uso del burkini o prenda similar. Se produjeron reacciones negativas de la alcaldía de izquierdas y del frente nacional, así como del partido conservador por lo que ante la polémica la alcaldía y los gerentes del parque anularon el evento. La ordenanza municipal de Villeneuve-Loubet prohibía el acceso al baño sin traje de baño correcto que respete las buenas costumbres y la laicidad, siendo objeto de demanda por violación de la libertad religiosa[134]. Las demandas se rechazaron por el Tribunal de Niza que dio la razón al ayuntamiento sobre la prohibición de esta indumentaria, por contraria a la laicidad, las buenas costumbres y la higiene y seguridad. El tribunal en relación a la ordenanza entiende que las playas no son un lugar adecuado para manifestar las convicciones religiosas ya que *no son espacio para el culto,* sino que debe haber neutralidad y que la prohibición de llevar burkini era necesaria, adecuada y proporcionada para el orden y la seguridad pública. Pero respecto a *si supone una discriminación por razón de sexo y del principio de igualdad* el tribunal considera que no, por aplicarse con independencia de sexo y religión prohibiendo todos los signos religiosos ostentosos de acuerdo con la laicidad. Siguieron prohibiciones en otros municipios como los de Cannes y Sisco.

Junto a estas limitaciones en el contexto europeo se han producido casos en los que la libertad para llevar velo islámico ha contrastado con la de llevar otros símbolos religiosos, Así el

---

[134] Ordenanza 2016-42 de 5 de agosto de 2016.

caso de la Sra. Eweida que examinó el Tribunal Europeo, resuelto en Eweida y otros contra el Reino Unido[135]. La Sra. Eweida, cristiana copta llevaba una cruz que por un cambio en el uniforme quedó al descubierto. En la sentencia se recoge, en las circunstancias del caso, en relación a la política de British Air que, "si es posible dada la naturaleza del objeto y la forma

---

135 STEDH de 15 de enero de 1013. TOL2.727.067. El asunto tiene su origen en cuatro demandas (núms. 48420/10, 59842/10, 51671/10 y 36516/10) dirigidas contra el Reino Unido e Irlanda del Norte, presentadas ante el Tribunal en virtud del artículo 34 del Convenio para la Protección de los Derechos Humanos y las Libertades Fundamentales («el Convenio») por cuatro ciudadanos británicos, las señoras Nadia Eweida, ShirLey Chaplin, Lillian Ladele y el señor Gary McFarlane con un elemento unitario que es alegar que la legislación interna no protege su derecho a manifestar su religión.
También en el caso de la Señora Chaplin se refiere a su trabajo como enfermera y a la política de uniformes del hospital que recoge en su regulación que «Cualquier miembro del personal que desee usar determinado tipo de ropa o joyas por razones religiosas o culturales deberá plantearlo ante su superior jerárquico que no denegará su aprobación de manera injustificada". Sé había solicitado a otra enfermera cristiana que se quitara la cruz y la cadena y dos enfermeras sijs habían sido informadas que no podían usar un brazalete o kirpan, y habían cumplido estas instrucciones. Dos mujeres médicas musulmanas recibieron permiso para usar un hiyab ajustado de «deporte», parecido a unos pasamontañas. La señora Chaplin propuso una alternativa al hospital para poder llevar la cruz con seguridad para los pacientes, y el hospital hizo otra propuesta que implicaba quitársela en determinadas actividades. El tribunal observó proporcionalidad siendo que tampoco se permitían otros como brazalete sij o kirpan o hijabs holgados. Otro caso en el mismo ámbito es recogido en la STEDH de 26 de noviembre de 2015 que resuelve el caso Ebrahimian contra Francia siendo que la cuestión es la neutralidad exigida a los funcionarios y trabajadores públicos, no entrando en liza la discriminación por razón de género ni los significados atribuidos a las prendas.

en que debe ser usado, entonces se requerirá la aprobación a través de la jefatura local en cuanto a la idoneidad del diseño para garantizar el cumplimiento de las normas del uniforme". La compañía si había considerado que se permitía a los hombres sijs llevar un turbante blanco o azul oscuro y mostrar la pulsera sij en verano si obtenían autorización para usar una camisa de manga corta y a las mujeres musulmanas del personal de tierra les había autorizado a llevar el hiyab en colores aprobados por British Airways. En relación a la cruz y la estrella de David, la compañía, solo tras la publicación de artículos de prensa críticos sobre el caso, aprobó una nueva normativa en la que se permitían estos símbolos, pero sin admitir la indemnización a Eweida por los ingresos perdidos. Entre los argumentos del tribunal laboral que desestima la reclamación de la afectada está el de que llevar la cruz no es una obligación para los cristianos. Finalmente El TEDH considera que la negativa de British Airways a permitir que la demandante permaneciera en su puesto mientras llevara una cruz a la vista constituía una injerencia en su derecho de manifestar su religión y que la cruz de la señora Eweida era discreta y no se deterioraba su aspecto profesional y que precisamente no había pruebas de que el uso de otras prendas de vestir religiosas, previamente autorizadas, como turbantes e hiyabs, tuvieran consecuencias negativas en la imagen o marca de British Airways, uniéndose todo ello al hecho de que la compañía posteriormente aprobó un código que si permitía llevar la cruz, lo que demostraba que la prohibición anterior no era de importancia crucial.

Las críticas a las prohibiciones o a las limitaciones entienden que estas, incluso en el caso del velo integral, no producen sino el efecto de excluir aún más a la mujer portadora, es decir excluyen a la mujer más que si lleva la prenda. En esta línea argumental no sería coherente sostener a la vez la libertad/autonomía de la mujer para llevar la prenda, entendiendo que es libre esta decisión, con sostener también que si se le prohíbe su uso se la está recluyendo más pues está dominada (por lo tanto, no es libre) por un entorno opresivo y limitador sin haber probado la realidad delictiva de este entorno. Por lo tanto el hecho de que la prohibición entre en juego por razones de laicidad o seguridad no puede confrontarse con el hecho de que aísle más a estas mujeres y por tanto no sea un remedio a su situación. Asumir esto supone que hay una situación que remediar, situación que se presume, pues entonces se asume que la prenda discrimina y aísla de modo relevante para el derecho. Por otro lado, el hecho de que no dejarle usar el velo integral supondrá su reclusión es una afirmación que no se sustenta en datos, estudios o estadísticas sobre esta cuestión en concreto sino en una proyección puramente especulativa. En este sentido la Resolución de la Asamblea Parlamentaria del Consejo de Europa sobre islam, islamismo, e islamofobia, que ya hemos mencionado, se refiere a que podría tener el efecto contrario al deseado cuando habla de las prohibiciones, pero lo hace en términos de posibilidad que ha sido tomada como un hecho cierto en la crítica a las prohibiciones.

En España el uso del velo islámico o de otras prendas no ha presentado una conflictividad significativa. Se realizó, en su momento, alguna iniciativa en el Senado relativa a su uso en la que *había referencia a la igualdad entre hombres y mujeres* y también guías en relación a aquellas prendas que tapan el rostro y que se considera que tienen una incidencia negativa[136]. En

---

[136] En el año 2010 se presentó una moción en el senado instando al gobierno a prohibir el uso en espacios o acontecimientos públicos que no tengan una finalidad religiosa de vestimentas o accesorios que provoquen que el rostro este totalmente cubierto, no permitan o dificulten la identificación y *que suponga una práctica contraria a la dignidad de las personas y lesivas de la igualdad real y efectiva de los hombres y mujeres.* También es relevante la Guia per a la gestió de la diversitat religiosa als centres educatius de la Generalitat de Cataluña (2010) . MELÉNDEZ- VALDÉS NAVAS, M., *Derecho de libertad religiosa,* op.cit., p.81.

concreto la iniciativa corresponde a una moción del grupo parlamentario popular en el senado por la que se insta al gobierno a realizar las reformas legales y reglamentarias necesarias para prohibir el uso en espacios o acontecimientos públicos que no tengan una finalidad estrictamente religiosa, de vestimentas o accesorios en el atuendo que cubran completamente el rostro[137]. El debate es interesante pues muestra las cuestiones

---

137 La defensa de la moción se realiza por la senadora Sánchez-Camacho y como extracto significativo de las intervenciones reproducimos el siguiente: "La historia colectiva de hombres y mujeres occidentales nos obliga hoy aquí a ejercer nuestra responsabilidad como legisladores y, por tanto, a ejercer la responsabilidad que tenemos para *garantizar la dignidad de las mujeres, para garantizar la igualdad de las mujeres y, desde luego, para garantizar el mantenimiento de nuestros derechos constitucionales*, (...), *hoy no estamos hablando aquí de libertad religiosa;* hoy, señorías, estamos hablando de dos símbolos, de los símbolos relativos al velo integral, al burka y al niqab, que *son símbolos de una forma de entender las relaciones entre hombres y mujeres que los occidentales*, señorías, *no podemos aceptar*. Nosotros *no queremos aceptar que las mujeres sean invisibles, que las mujeres vivan en una cárcel de tela*, y por eso, señorías, les pido a todos, sinceramente, su apoyo a esta iniciativa (...)algunos han argumentado que es una cuestión de seguridad pública. El Partido Popular considera que hay razones de seguridad pública, hay razones de discriminación de la mujer y hay razones para mantener nuestros derechos constitucionales(...) creemos que hay razones de seguridad, pero *la razón más importante que ha motivado a este grupo parlamentario es una razón de dignidad.* No queremos, desde el Grupo Parlamentario Popular, que ninguna mujer en España vea sus derechos discriminados(...) *otros países nos han llevado la delantera; otros países han considerado la no conveniencia del uso de prendas que tapan el rostro*, y es una cuestión de actualidad en muchos países del mundo occidental; países como Bélgica, Francia, Alemania, Países Bajos, que han regulado y están regulando la prohibición del uso del burka y del niqab en los espacios públicos. (...)estamos hablando de un claro debate social, muy importante, y para garantizar la convivencia y la integración en las mejores condiciones de nuestros inmigrantes y de las mujeres inmigrantes todos

que se sustancian entorno al burka y el niqab, teniendo como elementos centrales la discriminación de la mujer, la falta de libertad, la convivencia, la regulación en el derecho comparado, la inmigración, la diversidad cultural y la violencia de género.

Lo más significativo, corresponde en el panorama español a las iniciativas locales y a los casos que se han planteado en el ámbito educativo, concretamente en el no universitario. En el primero tenemos las de los municipios como Coín, Barcelona, Tarragona, el Vendrell Figueres, Manresa, Cervera, Hospitalet de Llobregat, y sobre todo las del ayuntamiento de Lleida en 2010 y de Reus en 2015 y los pronunciamientos judiciales sobre sus ordenanzas a los que nos referiremos. En el segundo, el uso del velo, en aquellos casos en los que se ha planteado, se ha consolidado como solución la escolarización de las alumnas en centros en los que este no fuera contra la normativa escolar.

Comenzamos por el campo educativo en el que en el sentido de lo afirmado en febrero de 2002 el colegio concertado

---

debemos hoy realizar ese ejercicio de responsabilidad *para prohibir el uso de aquellas prendas que son claramente vejatorias y discriminatorias para la mujer.*
Por parte de Por el Grupo Parlamentario Catalán en el Senado de Convergència i Unió, tiene la palabra la senadora Candini "La democracia se vive a cara descubierta. Hay leyes y normas relativas a los derechos fundamentales y a la seguridad que pueden ser perfectamente vigilantes en esta cuestión, pero, a nuestro entender, *están sobre todo, la Ley de la igualdad y la Ley integral en contra de la violencia de género. Querer suprimir una identidad, querer anular a un ser humano socialmente, hacer ver el mundo a partir de una rejilla no duden, señorías, de que es una forma de violencia de género.* A aquellos que puedan argumentar que la libertad individual está por encima de estas cuestiones será necesario recordarles que a menudo las mujeres que sufren maltrato acaban justificando". La cursiva es nuestra. Diario de sesiones del Senado , IX Legislatura, núm. 85, 2010, de 23 de Junio de 2010. https://www.senado.es/legis9/publicaciones/pdf/senado/ds/PS0085.PDF

Inmaculada Concepción, con ideario católico, del Escorial prohíbe a una niña acudir con hiyab por ir contra el reglamento del mismo, siendo solucionada la cuestión con su escolarización en un centro público. La Consejería de educación intervino y decidió que era mejor escolarizar a la niña con velo que no escolarizarla y posteriormente trasladarla a un instituto público *realizando una valoración que contrapone el valor discriminatorio del velo y el derecho a la educación de las menores*[138]. Años después en 2010 el caso de Nawja, en el instituto Camilo José Cela de Pozuelo de Alarcón, estudiante que decide vestir con velo en contra del reglamento del centro docente que prohíbe llevar la cabeza cubierta y que fue resuelto en sentencia del Juzgado contencioso administrativo de Madrid, adjudicándosele otro centro donde no existe dicha limitación y resolviéndose la cuestión en que considera que es una medida necesaria para salvaguardar los derechos fundamentales de los demás y del orden público, aludiendo a la laicidad[139]. En el fundamento de derecho quinto hace referencia a la *cuestión de la igualdad* entorno al velo: "De otra parte, en cuanto a las pruebas practicadas debemos señalar que tanto la testifical ni el dictamen aportado con la demanda pueden desvirtuar la doctrina citada pues el uso del velo, según el Tribunal de Estrasburgo de 15-02-01 "*es un símbolo religioso*

---

138 En 2007 otros dos casos en el mismo sentido uno en Gerona y otro en Melilla en los que la administración se refirió al principio de tolerancia y a que se favorezca el dialogo intercultural interreligioso.

139 Sentencia del Juzgado de lo contencioso administrativo 32 de Madrid de 25 de enero de 2012 35/2012. TOL2.407.834.
Se califica como símbolo fuerte y como efecto proselitista y difícilmente conciliable con la igualdad siguiendo la doctrina de Dahlab contra Suiza. Un análisis de la sentencia en Naranjo de la Cruz, R., "El uso de hiyab en las escuelas públicas ante los tribunales: comentario a la sentencia 35/2012, del Juzgado de lo Contencioso-administrativo de Madrid, núm.32, de 25 de enero de 2012, en *Diversidad cultural, género y derecho,* Laurenzo Copello, P., Duran Muñoz, R. (Coord.), Valencia, 2013, pp. 665-692.

fuerte, capaz de ejercer un efecto proselitista impropio y como elemento difícil de conciliar con el principio de igualdad de género"[140]. Es de interés la anotación de la expresión "difícil de conciliar con la igualdad de género" por la percepción que el símbolo tiene en la sociedad y que se plasma en la misma. Asume también que, por estar prevista en el reglamento interno del centro, es ajustada a derecho, la Sentencia del Tribunal Superior de Castilla León de 28 de noviembre de 2014 en un caso en el que se sancionó a la alumna con el cambio de centro como consecuencia de un expediente disciplinario tras incumplir el reglamento de régimen interior que prohibía el hiyab. La sentencia asume los fundamentos de la del Tribunal Supremo de 12 de febrero de 2013, centrando la cuestión en la libertad religiosa y de enseñanza y entendiendo que la libertad de organización es fundamento de la libertad de elección de centro y los centros pueden establecer su reglamento, de modo que en el marco del artículo 27 de la constitución el alumno y sus padres asumen el régimen interno del centro ya que pueden optar por otro[141].

El criterio se verifica también en la más reciente sentencia de un Juzgado de Guadalajara sobre una alumna que llevaba el velo islámico[142] en el Instituto Liceo Caracense de Guadalajara y a la que se traslada por decisión de la Consejería de Educación, Cultura y Deportes al Instituto Buero Vallejo debido al incumplimiento de las normas de convivencia del Centro, siendo que esta norma era previa a la entrada de la alumna en el instituto y conocida por su familia cuando se

---

140 Se presento recurso ante la Sala de lo Contencioso-Administrativo del Tribunal Superior de Justicia de Madrid (Sección Décima) que fue inadmitido hubo un voto particular en el que se sostiene que la familia no pretendía revocar un castigo académico, sino defender la libertad religiosa.

141 STS de Justicia de Castilla y León, 277/2014 (Sala de lo Contencioso-Administrativo, Sección 1ª) de 28 de noviembre.

142 S Jdo. Contencioso administrativo n.1 Guadalajara 54/2023.

realizó la elección de centro. Es de destacar que la decisión es recurrida por el padre de la menor, sin referencia a la madre y que su actitud se valora como intransigente. El padre entiende vulnerados los derechos fundamentales a la libertad religiosa, a la de expresión, a la dignidad e igualdad, al honor y a la propia imagen. Los fundamentos jurídicos de la sentencia ponen en el centro de la misma el interés del menor que se antepone "en lo que pudiera no ser coincidente, con el criterio de su progenitor que acciona judicialmente"[143] valorando que las calificaciones obtenidas por la alumna han sido exitosas en el nuevo instituto y con una mejoría sobre la situación preexistente. Se pone de manifiesto, en lo que parece un exceso, *la intransigencia del padre demandante* en relación a que las reglas de vestimenta no pueden subordinarse a la individualidad, siendo que existen otros centros donde puede portar el velo la menor.

En el ámbito de las relaciones laborales o el ejercicio profesional, no se plantea el carácter discriminatorio de las prendas o su incompatibilidad con la igualdad de género. La limitación es en su uso en el ejercicio profesional y del trabajo, esto es, sobre las normas de uniformes en el trabajo o en el ejercicio profesional ante los tribunales. En este último ámbito el caso que, hasta el momento, ha tratado el tema es el de la expulsión de la sala de la Audiencia Nacional, por el presidente del Tribunal, de la abogada Zoubida Barik por ir velada en su actuación como abogada y cuyo recurso ante el TS ha negado que se vulnerasen sus derechos por este hecho, siendo declarado inadmisible el recurso de amparo por el Tribunal constitucional en 2012 y también por Decisión del TEDH[144]. *En el ámbito laboral la cuestión del uso*

---

143 S 54/2023 Jdo. Contencioso administrativo n.1 Guadalajara FJ 2.

144 También fue rechazada la petición al Consejo General del Poder Judicial de expedientar al magistrado por una falta de abuso de autoridad. Caso Zoubida Barik edidi c.España, Decisión de 26 de abril de 2016.

de prendas religiosas por mujeres se centra en si su limitación por la empresa incurre en una discriminación por motivos religiosos. Para excluir que exista discriminación las justificaciones que se admiten giran en torno a los aspectos de seguridad, sanidad, y que la empresa quiera establecer una imagen de neutralidad. En cualquier caso, estas limitaciones deben estar previstas para cualquier manifestación de convicciones y afectar por igual a los trabajadores de la empresa, en definitiva, en el caso concreto, debe estar justificada la limitación del uso del velo islámico en relación a la finalidad legítima que se pretende conseguir, así como usar los medios adecuados y necesarios[145]. No se contemplan por lo tanto aspectos que tengan que ver con la desigualdad de hombres o mujeres en relación al significado de la prenda más allá de lo que podría quedar subsumido en relación con la neutralidad de la empresa o en que las medidas se apliquen por igual a los trabajadores[146].

Además del análisis en los ámbitos expuestos ya adelantábamos que, en nuestra jurisprudencia, merece especial atención la relativa a la normativa local. Primero por la significación del pronunciamiento del Supremo y en segundo lugar por poner de manifiesto un movimiento que nos sitúa en el camino recorrido en otros países europeos y que comienza por la esfera más cercana al ciudadano. La Sentencia del Tribunal Supremo de 14 de febrero de 2013[147] se refiere al recurso de casación sobre

---

145 STJUE de 31/10/2022, por razones sanitarias en el trabajo, ATS de 20 de febrero de 2018.

146 El TEDH se pronuncia sobre la presencia del velo en los tribunales en la Sentencia de Lachiri contra Bélgica, si bien en este caso se trata de una ciudadana, no de alguien que ejercía funciones en o ante el tribunal, considerándose que la prohibición violaba su libertad religiosa. STEDH de 18 de septiembre de 2018. TOL6.784.366.

147 Realiza un análisis de la misma GARCÍA URETA, A., "Signos religiosos, autonomía municipal y Derechos fundamentales: Comentarios sobre la STS de 14 de febrero de 2013 (prohibición de uso del

la sentencia del Tribunal Superior de Justicia de Cataluña de 7 de junio de 2011 que resolvía una demanda contra el Acuerdo del Pleno del Ayuntamiento de Lleida, de 8 de octubre de 2010, que la desestimaba y en la que el Tribunal Supremo reconoce que la libertad religiosa al ser un derecho fundamental solo puede ser regulada en el marco del artículo 16 de la Constitución y, finalmente, fundamenta su resolución en la inexistencia actual de una ley estatal que establezca la prohibición del uso del velo integral y que, por tanto, concrete los límites del ejercicio del derecho fundamental de libertad religiosa. La sentencia se refiere a diversas cuestiones sobre el velo islámico y el integral como que en la jurisprudencia del TEDH no existe una pauta segura e inequívoca para el tratamiento del problema y no da respuesta a sí en el marco de la Constitución cabe prohibir el uso del velo integral pero si califica el uso del velo como una cuestión de *marcado sentido político y en la que no existe el más mínimo consenso en razón de los diferentes marcos constitucionales y culturales*, además de la referencia a que no se puede resolver si según las fuentes auténticas de la religión islámica es o no un deber el uso por las mujeres. Desde esta perspectiva del Tribunal el uso del velo integral es manifestación de la libertad religiosa[148]. Por su parte, la Sentencia del Tribunal Superior de Cataluña por el contrario consideraba la existencia de materias accesorias que podrían regular los

---

velo integral)", *Revista de Administración Pública*, 191, Madrid, 2013, p.201-221. De modo más detallado, MELÉNDEZ-VALDÉS NAVAS , M., Libertad religiosa y espacio público, op.cit., pp. 105 y ss.

148 A propósito de la Sentencia reflexiona sobre la igualdad: POLO SABAU, J.R., "La prohibición, op.cit., pp. 178 y 180. Destaca que nuestro ordenamiento protege las manifestaciones también contrarias a la igualdad y que" constituye un claro error de perspectiva postular que una determinada praxis inspirada por unas creencias religiosas, sea cuales fueren, debe ser prohibida en atención a su incompatibilidad con el valor de la igualdad de sexos".

entes locales en el derecho fundamental en lo que se refiere en este caso a las manifestaciones de convivencia o vida colectiva en el municipio[149]. El límite al uso de vestimenta religiosa que se recogía en la Ordenanza pretendía encajar en el concepto de orden público, como uno de los posibles límites reconocidos a la libertad religiosa con base en las sentencias del TS de 25-1-1983 y 13-10-1981 que equiparan el orden público a *"paz social, "paz pública" y "convivencia social"* y en la misma Sala en sentencia de 20-6-94, sección 5ª, que equipara a *"paz y sosiego de los ciudadanos*[150]. La Sentencia del Supremo determina que no se justifica la imposición de limitación al burka o similar en "lo que, en su criterio, es la dificultad de conciliar su uso con *«uno de los valores y principios irrenunciables en nuestra sociedad»* , haciendo al respecto unas contundentes afirmaciones, que, en suma, consisten en la incompatibilidad del uso del *«burka o similar portado exclusivamente por mujeres»* , con la *"efectiva igualdad entre mujeres y hombres, y ello con independencia de que su uso sea voluntario o no»* .(...), *por grande que sea, y lo es,* el choque de esa vestimenta con las concepciones culturales de nuestro país, no resulta aceptable prescindir, de que ese uso sea voluntario o no(...)no consideramos adecuado que, para justificar la prohibición que nos ocupa, *pueda partirse del presupuesto,* explícito o implícito, *de que la mujer, (...), lo hace, no libremente,* sino como consecuencia de una coacción externa contraria a la igualdad de la mujer, (...)argumentación de la sentencia recurrida, que no podemos compartir."[151].

---

149 STSJC, FJ 2.

150 Seguirá el criterio establecido por la STS de 14 de febrero de 2013, el Auto del Tribunal Superior de Justicia de Cataluña que se ocupa de la Ordenanza de Civismo del ayuntamiento de Reus, que se aprobó el 18 de julio de 2015.

151 693/2013, de 14 de febrero, sala de lo Contencioso-Administrativo FJ. 10.

Sobre lo expuesto y observado en relación a diversas prendas islámicas en perspectiva de género podemos afirmar que son símbolos religiosos abarcando los mismos un significado religioso y cultural[152]. Como símbolos religiosos, obligatorios o no, son manifestación externa de la libertad religiosa de las mujeres. Es por ello que un símbolo según el contexto y el entorno social/cultural puede ser objeto de comprensiones diversas[153]. Uno de los significados que tienen estas prendas es el de romper la igualdad de sexo, ir contra la misma; significado que se intensifica respecto de aquellas prendas que tapan el rostro a las que además se añade la de borrado de la personalidad de la mujer o su despersonalización, sin que exista equiparación ni equivalente de ello con algún símbolo religioso que porten los hombres.

Las referencias descritas sobre el carácter discriminatorio de la prenda, informes, legislación, jurisprudencia, incluyendo aquellas en las que se cita la discriminación de género aunque no se la considere fundamento de la resolución o pronunciamiento, ponen de manifiesto que este significado discriminatorio está presente. *La pregunta es si el significado discriminatorio de la prenda puede ser fundamento de limitaciones y la posible respuesta*

---

152 Vid. Sobre la cuestión en relación a otro símbolo religioso. ALENDA SALINAS, M. PINEDA MARCOS M., "La manifestación de religiosidad como motivo de conflictividad. Una breve incursión por el panorama judicial español y europeo a propósito de la simbología", *Cuadernos de Integración Europea*, 7, 2006, pp. 85-107. Pone de relieve como la significación religiosa de la cruz y del crucifijo transciende su propia religiosidad, y se pregunta: "¿sería acaso descabellado entender que, aparte del significado que pueda tenerse del mismo para una o varias Confesiones, su posterior secularización en el empleo público te lleva a irlo despojando cada vez más de su impronta religiosa?, ¿cómo si no seguir entendiendo sin contrariedad a la laicidad el nombre de muchos de los pueblos, ciudades, (...)o de determinadas distinciones, honores, medallas, etc.?"

153 MELÉNDEZ-VALDÉS NAVAS, M., *Derecho de.,* op.cit., p. 114.

puede encontrarse en la valoración de su significado con otro valor distinto al religioso, fuera de los espacios propiamente confesionales como significado que opera con más fuerza que el religioso, en un determinado momento, y que puede ser reconocido, teniendo este reconocimiento como base que no exista confusión de funciones de lo religioso y lo estatal y que por lo tanto no tengan que compartirse la comprensión del significado de un símbolo entre ambas esferas en todos los casos[154]. En realidad, se trataría de que no sea el Estado quien realice tal consideración, sino que lo que recoja este sea la recepción del significado que realice la sociedad/comunidad en la que el mismo sea usado, de tal modo que quepa que son recepcionados o percibidos como manifestaciones que implican valores no compatibles con la igualdad o la convivencia en sociedad sin dejar tampoco por ello de entender su significado religioso[155].

De lo examinado observamos que las limitaciones han tomado como fundamento jurídico, la convivencia y el vivir en sociedad. De ahí que

---

154 *Esta idea es la que subyace en la regulación penal por ejemplo en relación a la profanación y se completa con aquellos casos en los que símbolos con impronta más o menos religiosa están trascendidos de otros significados histórico, cultural, secularizado y que en los casos en que se consideran propiamente estatales o representativos de comunidades autónomas son objeto de medios de protección jurídica de carácter punitivo.* PINEDA MARCOS, M., *Los poderes públicos ante la manifestación simbólica- religiosa en España,,* Tesis doctoral Universidad de Alicante, 2012. Repositorio Institucional de la Universidad de Alicante. http://hdl.handle.net/10045/24057 , pp.464-465. En la reforma del Código penal de la democracia del 1995 se realiza una degradación en la tutela punitiva ya que tratar sin el debido respeto un objeto sacro no es delito de profanación si la actividad es fuera del lugar de culto o al margen de ceremonia religiosa, lo que supone que el significado religioso que una confesión da a un símbolo no tiene por qué ser compartido en todo tiempo y lugar.

155 MELÉNDEZ- VALDÉS NAVAS, M., *Derecho de libertad religiosa,* op.cit.,, p. 116 .

las iniciativas a la limitación parten siempre de los espacios más cercanos a su uso, los municipios y los centros escolares. *En qué medida una prenda refleja una discriminación(percibida como) inadmisible de la mujer tiene que ver con el contexto de uso en el que prime el significado religioso o por el contrario prime el significado discriminatorio/ cultural*; estamos ante intensidades significativas, ya que el símbolo no deja de ser religioso. Se constata que el velo islámico, en algunas de sus modalidades, se identifica en ocasiones con valores que no corresponden a la tradición histórica europea, y a veces estos valores que sustenta u operan en el significado del símbolo no son compatibles con los del Estado y por lo tanto encuentran su límite en la opción axiológica del constituyente[156].

En esta percepción social tienen una influencia innegable determinadas asociaciones que se realizan con la cuestión de los fundamentalismos y la contraposición con occidente, como visibilidad del islam a través del velo[157]. La mujer portadora de la prenda siempre queda identificada como musulmana lo que comprende el colectivo no sólo religioso sino cultural/identitario, elemento que se radicaliza en el velo que no deja identificar a la mujer ya que se pierde todo referente individual y queda únicamente la identificación colectiva islámica, lo que en las sociedades democráticas que fundamentan su sistema

---

156 CAÑAMARES ARRIBAS, S., *Libertad Religiosa, Simbología, y laicidad del Estado,* Ed. Aranzadi, Pamplona, 2005, p.50.

157 El reconocimiento de la vinculación existente entre la presencia de determinados símbolos religiosos en el espacio público y el terrorismo islamista es una cuestión que se reconoce que está en la base de muchos de los conflictos jurídicos que se plantean sobre la presencia de símbolos religiosos. Así lo reconoce por ejemplo ALÁEZ CORRRAL, B., “Reflexiones jurídico-constitucionales sobre la prohibición del velo islámico integral en Europa ”, *UNED, Teoría y Realidad Constitucional,* 28, 2011, p. 483. Percepción a la que desde luego han contribuido planteamientos como el ya conocido de HUNTINGTON, S.P., “The clash of civilización?”, *Foreing Affairs,* 72, 1993.

en la dignidad del individuo, que tienen como centro de todo razonamiento jurídico a la persona y que se caracterizan socialmente por un fuerte individualismo resulta un elemento de contraste cultural, de posible rechazo y limitación por su incongruencia con los fundamentos del sistema[158].

Esta asociación que se realiza del uso del velo (especialmente algunos tipos de velo) con el islamismo radical, vinculándolos, se pone de manifiesto en iniciativas legislativas y en referencias que la jurisprudencia realiza operando a su vez la consideración de que cualquier vinculación automática del velo islámico con un radicalismo terrorista criminaliza una expresión y práctica religiosa; pero *sí que puede reconocerse que existen elementos que sustentan esta percepción, que no son injustificados y que pueden observarse en sentencias que no se refieren de modo directo al uso de prendas islámicas,* sino que se ocupan de cuestiones que tienen que ver con el asilo, la concesión de nacionalidad, la expulsión del territorio nacional o los delitos de malos tratos[159]. Tomamos a modo de ejemplo, el caso en el que tras informe favorable de la juez encargada del registro civil para la concesión de la nacionalidad española al sujeto interesado, tras informe del CNI, se indica que no se considera procedente la concesión de la nacionalidad con una serie de motivos

---

158 MELÉNDEZ- VALDÉS NAVAS, M., *Derecho de libertad religiosa, op.cit.*, p. 118.

159 Audiencia Provincial de Guipúzcoa , SAP SS 893/2022, de 1 de Julio de 2022. TOL9.341.304. En este caso no se da verosimilitud a la denuncia de malos tratos, entre otros elementos, al considerar que alegaba como parte de un comportamiento habitual el hecho de que le obligase a llevar velo, que sin embargo contradice las fotografías de la acusada y también cómo acude a comisaria entre otros elementos. Lo relevante es que el hecho de obligar a llevar velo se toma como un elemento significativo en relación a la existencia o no de malos tratos de tal modo que al no constatarse esto no se puede valorar en relación a la existencia de los mismos.

que vinculan al sujeto con un *movimiento islamista radical,* con falta de *integración y compromiso con la sociedad española,* con ser intolerante con los usos y costumbres no islámicos y anteponer la sharía al ordenamiento jurídico español; al entrar en detalle en sus comportamientos se hace referencia expresa a que *tiene prohibido a su cónyuge salir a la calle sin portar el niqab* y que se ha constatado que práctica la poligamia[160]. *Lo significativo es que el uso, imposición o la práctica de portar el velo, especialmente el integral, junto con otras actitudes, constituye un elemento que concreta el radicalismo valorado como tal por la jurisprudencia.* Por el contrario, como indicio de *falta de radicalismo* el hecho de que no se establezca la obligación de llevar velo, como se recoge en otra sentencia del siguiente modo: "que no sufren ningún tipo de radicalismo religioso, ya que ni siquiera se les obliga a llevar velo" islámico[161]. Además, se realizan las referencias al mismo en relación a las consideraciones que se hacen sobre aquellos elementos que muestran *la integración en la sociedad y* que se reitera en relación a la concesión de la nacionalidad española, concretamente en relación con su denegación siendo considerado entre los que determinan la falta de integración[162].

---

160 SAN 2374/21 de 21 de mayo de 2021. En el mismo sentido sobre la expulsión del territorio SAN 1644/2021 de 21 de abril de 2021.

161 Sentencia de la Audiencia provincial de Gerona de 30 de noviembre de 2017, 415/2017 SAP GI 1091/2017.

162 "La integración social implica la armonización del régimen de vida del solicitante con los principios y valores sociales, que en gran parte tienen reflejo constitucional, (...) todo lo cual debe justificarse por el interesado, o desprenderse de las actuaciones reflejadas en el expediente administrativo". SAN 2559/2020, de 16 de septiembre de 2020. En la que aunque no determina la consideración del uso del hiyab, se hace referencia al mismo por insinuarse en la demanda la falta de integración por su uso tal y como se dice en el informe de la dirección general de la policía y de la guardia civil, aunque no se incorpora a los informes en los que se basa la resolución recurrida, realiza sin embargo una reflexión

Esta ligazón del significado/percepción del velo en relación a la integración y la convivencia no solo la encontramos en materia de nacionalidad, sino que podemos observarla también en relación con el ámbito educativo si profundizamos en los fundamentos utilizados por la jurisprudencia española. Tomamos para ello una referencia que utiliza el argumento reiterado en los centros docentes españoles cuando el reglamento interno del centro prohíbe cubrirse la cabeza a los alumnos. Así la sentencia del TSJCL de 28 de noviembre de 2014, sobre el traslado de centro de una menor[163], aunque en la misma se incluye que la limitación no puede fundarse en argumentos sobre un choque cultural y una hipotética involuntariedad de la mujer, a la vez lo que si hace esta sentencia en su fundamento jurídico séptimo es referirse a la cuestión de *la convivencia en el centro,* determinando que, el derecho del alumno y los padres,

---

sobre su uso finalmente en el siguiente sentido "lo cierto es que muchas veces estos hábitos son portados como resultado de una intolerable presión social o familiar, cuando no impuestos por la ley. Y que por más que pervivan en las sociedades occidentales sesgos en la vestimenta y en la aceptación de determinadas formas de vida que pueden entrar en conflicto con el principio fundamental de libertad personal, la tendencia en occidente es al rechazo de la imposición de signos que expresen sumisión o desigualdad entre hombres o mujeres o impongan a éstas la necesidad de vivir conforme a determinados valores impuestos por razón de su sexo, como la modestia o el recato"(...). debe rechazarse la asociación simplista entre portar el hiyab y la afirmación de su incompatibilidad con los valores occidentales. (...)Lo relevante es el examen de cada caso para determinar hasta qué punto los hábitos y costumbre de una determinada persona son reflejo de una decisión personal no sometida a presiones intolerables desde el punto de vista de los derechos fundamentales".

163 STSJCL 277/2014. El FJ6 cita la sentencia del Tribunal Supremo sobre que no queda justificada la limitación del burka en que es difícil conciliarlo con los valores de nuestra sociedad, que solo sea portado por mujeres y que no puede presumirse su involuntariedad por muy grande que se reconozca el choque cultural. TOL4.691.876.

está satisfecho con el hecho de poder escoger otro centro[164], y que no pueden pretender cambiar la normativa del mismo pues atentaría a los derechos de los otros alumnos, libertad de enseñanza y libertad religiosa y para llegar a este punto se refiere al derecho a la educación y *a la necesidad de regular la convivencia en los centros,* entendiendo que es un fin y un principio del sistema educativo y que esto permite establecer medidas a los centros en relación a la vestimenta de los alumnos, estando plenamente justificada la de no llevar la cabeza descubierta. Vemos pues que en realidad *el argumentario se reduce a que la libertad religiosa se garantiza en su manifestación externa con la posibilidad de poder ir a otro centro* y que la *medida se sustenta y justifica por una cuestión de convivencia* que se concreta en el régimen interno de los centros. No se entra a analizar si esa prohibición, con fundamento en la convivencia, tiene sentido en relación al velo islámico y si tiene un fundamento que claramente permita su limitación respecto a un derecho fundamental[165]. En

---

164 "La libertad religiosa y la protección de la dignidad de la persona queda salvaguardada pudiendo acudir a otro centro que no limite la expresión externa de la religión de la alumna, quedando plenamente garantizada esta libertad religiosa con su derecho a la educación y con la protección de su dignidad; todo ello dentro del marco de la Constitución, como marco supremo elegido por los españoles para convivir." FJ7.

165 En la misma línea el caso de IES "Camilo José Cela" de Pozuelo de Alarcón e Sentencia Juzgado de lo Contencioso Administrativo de Madrid 35/2012 de 25 de enero de 2021, cita como fundamento las Sentencias del TEDH Kervanci y Degru Contra Francia, ambas de 4-12-2008 y caso Dahlab contra Suiza y específicamente se refiere a su carácter de símbolo fuerte en el FJ quinto " De otra parte, en cuanto a las pruebas practicadas debemos señalar que tanto la testifical ni el dictamen aportado con la demanda pueden desvirtuar la doctrina citada pues el uso del velo, según el Tribunal de Estrasburgo de 15-02-01 " es un símbolo religioso fuerte, capaz de ejercer un efecto proselitista impropio y como elemento difícil de conciliar con el principio de igualdad de género".

realidad, se *está equiparando dentro del argumento de la convivencia una prenda de significado religioso, con cualquier prenda que cubra la cabeza,* como si la presencia del velo por si misma supusiera una alteración de esta convivencia, salvando el escollo de la expresión religiosa con la elección de centro, lo que en realidad no evita que opere el hecho de que *se está considerando que el uso del velo islámico afecta a la convivencia del centro como un elemento distorsionador en el mismo.*

Como conclusión el que la jurisprudencia y la legislación de algunos países muestre que se está profundizando en una senda que interpreta *la prioridad de los elementos que configuran la convivencia común y los valores de las democracias en relación al uso de determinadas prendas femeninas islámicas. El burka y el niqab como símbolos que afectan solo a mujeres y que anulan su individualidad, presentan, salvadas las razones de seguridad, otras sobre la igualdad y sobre todo de los valores de convivencia de modo que se entiende, como constatan algunas regulaciones europeas, que suponen una agresión a estos valores con una valoración como símbolo fuerte que visibiliza de manera muy tangible (así se percibe) valores no compatibles con la igualdad de género y la convivencia en las sociedades democráticas*[166]. No se trata de que compartamos está valoración sino de exponer y comprender los fundamentos de las limitaciones al uso de prendas religiosas femeninas.

2. INTERVENCIONES EN EL CUERPO DE LA MUJER

En la actualidad las intervenciones y modificaciones corporales están a la orden del día, tanto en hombres como en mujeres y son vistas con normalidad en las sociedades occidentales contemporáneas. Sin embargo, la modificación del cuerpo por razones religiosas/culturales, cuando atañen a la mujer,

---

[166] MELÉNDEZ-VALDÉS NAVAS, M., *Derecho de libertad religiosa, op.cit.,*p.121.

resultan tener una consideración jurídica muy diferente en algunos casos. Por su relevancia y la radicalidad que implica analizamos los supuestos de intervenciones/modificaciones en los órganos sexuales femeninos a través de la práctica de ablación o mutilación genital femenina.

La mutilación genital femenina, en adelante MFG, ha sido conceptualizada de diversos modos, así, como una violencia contra las mujeres que surge de *estructuras sociales basadas en la desigualdad entre los sexos* y en *relaciones desequilibradas de poder, dominación y control*, en las que la presión social y familiar está en el origen de la violación de un derecho fundamental como es el respeto de la integridad de la persona[167], también se la define como "práctica tradicional", o como la eliminación total o parcial de los genitales femeninos externos u otras lesiones en los mismos órganos *por razones culturales o religiosas o por otros motivos no terapéuticos*[168]. El reconocimiento de que una de las causas de que se realice esta práctica es que se considera un precepto religioso o que tiene fundamentos religiosos está presente en estudios y reflexiones sobre la materia[169]. En estas definiciones puede observarse que es una cuestión de género ya que se refiere exclusivamente a la mujer, a la diferencia de sexo por su vinculación con la preparación al matrimonio, a la educación de las niñas y su respeto social como parte de un

---

167 Resolución 2008/2071, de 24 de marzo de 2009, dedicada, específicamente, a la lucha contra la mutilación genital femenina en la UE.

168 Alcón Belchi, C., Jiménez Ruiz, I., Pastor Bravo M.M, y Almansa Martínez, P., "Algoritmo de actuación en la prevención de la mutilación genital femenina. Estudio de casos desde atención primaria", *Atención primaria,* 48, 3, marzo, 2016, p. 201.

169 Idem: consideran que perpetúa las relaciones en clave de desigualdad y niega el derecho a la integridad física y psico sexual, justificándose en la costumbre para controlar la sexualidad, la castidad, la natalidad e incluso mejorar el parto con razones higiénicas, estéticas y *la creencia de que es un precepto religioso.*

comportamiento sexual adecuado unido ello a una valoración positiva de la disminución del deseo sexual de la mujer, en el que está presente la virginidad y la fidelidad como elementos adecuados socialmente respecto a la mujer[170]. La materia, en conexión con las motivaciones de carácter sexual/social que llevan a realizarla, hace que además de referirse a las mujeres afecte de modo fundamental a menores de edad por las características y objetivos de la misma práctica.

La práctica aparece ligada a la inmigración y en la misma están presentes aspectos culturales e identitarios[171]. Se realiza en las zonas de África subsahariana occidental y también en la oriental como Sudán, Somalia, Eritrea, Etiopía, siendo un total, al menos, de 25 países en tierras africanas y también en algunos países de Asia, como Indonesia y Malasia y de Oriente Medio[172] como Yemen, Emiratos Árabes y Egipto, estando también presente en EE.UU, Canadá, Australia, Nueva Zelanda y Europa, si bien se lleva a cabo en estos casos, en comunidades inmigrantes[173]; siendo precisamente en este contexto ligado a la inmigración en el que empezó a ser objeto de interés jurídico. Se trata de prácticas ajenas al mundo occidental, que, sin embargo, sí forman parte de otros contextos territoriales,

---

170 IZQUIERDO COLLADO, J.D. Y TORRES KUMBRIÁN, R.D., "Tradiciones nocivas basadas en interpretaciones desviadas del islam como formas de violencia de género", XI Congreso español de sociología, Crisis y cambio propuestas desde la sociología, del 10 al 12 de Julio, UCM, Madrid, 2013, pp.6 y 7. Visitado 22/06/23. https://www.fes-sociologia.com/tradiciones-nocivas-basadas-en-interpretaciones-desviadas-del-islam-como-formas-de-violencia-de-gner/congress-papers/1682/.

171 VIDAL GALLARDO, M., " Implicaciones jurídicas de la mutilación genital femenina en las sociedades abiertas", *Derechos y libertades,* 34 enero, 2016, pp.175-79.

172 IZQUIERDO COLLADO, J.D. Y TORRES KUMBRIÁN, R.D., op,cit. p. 7.

173 Resolución del Parlamento Europeo 2035 de 2001.

culturales y religiosos[174]. Este hecho de su ligazón con la inmigración para algunos sectores críticos añade a la estigmatización de determinados grupos de inmigrantes la imposición supremacista de códigos de valor.

La MGF agrupa bajo una única denominación una diversidad de prácticas, no es unitaria, comprendiendo diversos tipos de intervenciones, con fundamentos diversos y diferente consideración médica. Desde el punto de vista físico y médico se clasifica en cuatro tipos principales: Clitoridectomía que es la resección parcial o total del clítoris y, en casos muy infrecuentes, solo del prepucio; la escisión que es la resección parcial o total del clítoris y los labios menores, con o sin escisión de los labios mayores; la infibulación que consiste en el estrechamiento de la abertura vaginal para crear un sello mediante el corte y la recolocación de los labios menores o mayores, con o sin resección del clítoris y una última categoría que incluiría todos los demás procedimientos lesivos de los genitales externos con fines no médicos, tales como la perforación, incisión, raspado o cauterización de la zona genital. Esta diversidad no ha dado lugar a ninguna diferenciación de trato jurídico ni de matiz, sino que se ha considerado unitariamente en relación a su prohibición desde el derecho internacional y europeo[175].

---

174 El Instituto Europeo de Igualdad de Género (EIGE) recoge este carácter relacionado con la inmigración y las prácticas en países de origen. https://eige.europa.eu/gender-based-violence/female-genital-mutilation. Consultado 22/11/23.

175 La opción terminológica está en relación con su valoración, así mutilación genital femenina, ablación. Según RAE ablación deriva del lat. *ablatio, -ōnis*'acción de quitar', y tiene las siguientes acepciones: extirpación de cualquier parte del cuerpo, algunas culturas, extirpación ritual del clítoris, sacrificio o menoscabo de un derecho. Mutilar como cortar o cercenar una parte del cuerpo, y más particularmente del cuerpo viviente, cortar o quitar una parte o porción de algo que de suyo debiera tenerlo.

El tratamiento de estas prácticas desde el punto de vista del derecho se realiza con fundamento en la defensa de los derechos humanos, entrando en juego aspectos como la tortura, el trato cruel, inhumano y degradante, e incluso el derecho a la vida. Desde el derecho la perspectiva jurídica que se adopta, fundamentalmente, es la penal que suele ser insuficiente si es exclusiva[176]. Sin embargo, desde otras disciplinas su tratamiento y la búsqueda de soluciones comprende aspectos sanitarios y sociales con la reflexión y el planteamiento de soluciones integrales.

El impulso internacional para el tratamiento de este tema va a tener como punto de partida la actuación de la ONU sobre la materia, así en la conferencia mundial sobre la mujer de 1980 en Copenhague se pidió la adopción de medidas urgentes para combatir prácticas tradicionales perjudiciales para la salud de la mujer, creándose en 1984 un grupo de trabajo sobre las mismas[177]. Por su parte la Recomendación General número 14 del Comité de CEDAW supuso una política concreta del organismo sobre la mutilación y la Recomendación General 19 implicó que se extendiera el término mutilación para finalmente, con la Declaración sobre Eliminación de la Violencia contra la Mujer en diciembre de 1993, determinarla como un fenómeno

---

176 VIDAL GALLARDO, M., op.cit., p.171.

177 Ya podemos encontrar un hito importante en la reunión denominada Tribunal Internacional de Delitos Contra la Mujer, en Marzo de 1976 en la que se discutió sobre diversas prácticas como la mutilación genital y en la que se concluyó que todas estas "prácticas suponen una forma de perpetuar el poder de los hombres sobre la mujer. LILA MURILLO, Mª S., GRACIA, E., TAMARIT A., "Actitudes y respuestas de la policía ante situaciones de violencia de género en las relaciones de pareja", *Instituto de la mujer, estudios e investigaciones,* 2007 -2009, p 6 y 12. https://www.inmujeres.gob.es/areasTematicas/estudios/estudioslinea2011/docs/actitudesRespuestasPolicia.pdf.Visitado el 02/12/23.

de violencia de género[178], siendo aprobada por unanimidad la Resolución que prohíbe su práctica. En esa Declaración se reconoce: "que la violencia contra la mujer constituye una manifestación de relaciones de poder históricamente desiguales entre el hombre y la mujer, que han conducido a la dominación de la mujer y a la discriminación en su contra por parte del hombre e impedido el adelanto pleno de la mujer, y que la violencia contra la mujer es uno de los mecanismos sociales fundamentales por los que se fuerza a la mujer a una situación de subordinación respecto del hombre," siendo en su artículo 2 en el que se refiere a la mutilación como forma de violencia contra la mujer[179]. En la Declaración y plataforma de acción de Pekín surgida de la Cuarta Conferencia Mundial sobre la Mujer es también objeto de condena y se determina el deber de los Estados de tomar medidas. Por su parte la Convención sobre los Derechos del Niño se referirá a prácticas tradicionales que son una violación de los derechos humanos[180].

En el contexto específicamente Europeo la Asamblea Parlamentaria del Consejo de Europa desplegará una actividad importante tanto en relación a su prohibición como al desarrollo de diversas estrategias[181]. En ese sentido citamos algunos de los

---

178 Reconoce esta violencia como forma que se da en la familia.

179 Resolución 48/104, 20 de diciembre de 1993.

180 CEDAW (Comité para la Eliminación de las Discriminación contra la Mujer), Recomendación General, 14,1990, Recomendación General, 19,1993, Asamblea General de la ONU Resolución 67/146 de 20 de diciembre de 2012.

181 Con el impulso internacional sobre la materia diversos estados aprobaron leyes específicas en el ámbito penal, como delito especifico o de lesión o adaptaron su legislación como Noruega, Reino Unido, Austria, Bélgica, Dinamarca, Suiza, Países bajos, Italia, Grecia, Francia, Finlandia y Alemania, Irlanda, Croacia y Suecia que fue el primer país europeo que adopta una legislación específica desarrollando disposiciones específicas en el código penal.

documentos más relevantes, así la Resolución del Parlamento Europeo de 13 de marzo 2002, Mujeres y fundamentalismo[182]

---

[182] En la que se establece: "L. Reconociendo el acierto de quienes propugnan la secularización o separación entre lo que son asuntos públicos que pertenecen a la esfera política y lo que son convicciones y creencias religiosas que deben de ser libres y respetadas y que pertenecen al dominio privado de los individuos, considerando lamentables las injerencias de las Iglesias y las comunidades religiosas en la vida pública y política de los Estados, en particular cuando pretenden limitar los derechos humanos y las libertades fundamentales, como en el ámbito sexual y reproductor, o alientan y fomentan la discriminación,

M. Considerando que un Estado debe garantizar los derechos y libertades de las personas así como el reconocimiento de la libertad de creencias; que el derecho de libertad religiosa, así como el derecho al cambio de religión, el derecho a no tener religión y el derecho al ejercicio del dogma están recogidos en muchos tratados internacionales y en las tradiciones constitucionales de los Estados miembros,

V. Denunciando la utilización de prácticas culturales y tradiciones, como la mutilación genital, violaciones, castigos y atentados contra la integridad física y la vida de las mujeres, constatando la aplicación en la UE de este tipo de tradiciones. (...)1. Reafirma que el respeto, la promoción y la protección de los derechos humanos constituyen el acervo de la Unión Europea y son una de las piedras angulares de la cooperación europea, así como de las relaciones entre la Unión Europea y sus Estados miembros y otros países; los derechos de la mujer consignados en los Tratados y convenios internacionales no pueden verse limitados ni contravenirse bajo pretexto de interpretaciones religiosas, tradiciones culturales, costumbres o legislaciones(...) 31. Pide a todos los creyentes de cualquier credo que promuevan la igualdad de derechos para la mujer, incluyendo el derecho a tener control sobre su propio cuerpo, y el derecho a decidir cuándo tener una familia propia, estilo de vida y relaciones personales; pide a los Estados miembros que adopten una legislación

donde *se reconoce el acierto de la separación de esferas, se denuncian las injerencias de iglesias y comunidades religiosas que limitan derechos o discriminan y se denuncia entre otras prácticas la MGF;* la Resolución 1247 que solicitó a los Estados miembros que promulgaran una legislación específica que prohibiera la MGF, declarándola como una violación de los derechos humanos y de la integridad corporal de las víctimas[183] y la Resolución 2007/2093, de 16 de enero de 2008 que estableció las prioridades en las estrategias europeas relacionadas con los derechos de los niños para instar a los Estados miembros a que apliquen medidas legales específicas sobre la MGF o a que adopten leyes que permitan la adopción de acciones penales contra toda persona que lleve a cabo actos de MG.

Específicamente está dedicada, a la lucha contra la MGF en la UE la Resolución 2008/2071, de 24 de marzo de 2009, que pidió a los Estados miembros de la Unión Europea en su parágrafo 28 que: "Consideren como delito cualquier MGF, independientemente de que la mujer afectada haya otorgado o no algún tipo de consentimiento, así como que se castigue a quien ayude, incite, aconseje o procure apoyo a una persona para que realice cualquiera de estos actos sobre el cuerpo de una mujer, joven o niña; persigan, procesen y castiguen penalmente a cualquier residente que haya cometido el delito de MGF, aunque el delito se haya cometido fuera de sus fronteras (extraterritorialidad del delito); aprueben medidas legislativas que otorguen a los jueces o fiscales la posibilidad de adoptar medidas cautelares y preventivas si tienen conocimiento de casos de mujeres o niñas en situación de riesgo de ser mutiladas". También respecto a los niños la Resolución 1952 de 1 de

---

contra cualquier práctica que ponga en peligro la integridad física y psíquica y la salud de las mujeres, como la ablación del clítoris; DOC 27 febrero 2003, núm. 47-E.

183 Resolución de 22 de mayo de 2001.

octubre de 2013 "Childrén`s right to physical integrity" de la asamblea Parlamentaria del Consejo de Europa, se refiere a la circuncisión genital femenina, la circuncisión de jóvenes por motivos religiosos y la referencia a piercings, tatuajes y operaciones de cirugía plástica, recomendando que se prohíba y persiga la MGF e insta a los estados miembros a "Iniciar medidas específicas de sensibilización para cada una de estas categorías de violaciones de la integridad física de los niños, que se llevarán a cabo en contextos específicos donde la información pueda transmitirse mejor a las familias, como el sector médico (hospitales y profesionales individuales), las escuelas, comunidades religiosas o proveedores de servicios", así como a "iniciar un debate público, *incluido el diálogo intercultural e interreligioso,* destinado a alcanzar un amplio consenso sobre los derechos de los niños a la protección contra violaciones de su integridad física de acuerdo con las normas de derechos humanos"[184], *pero además se refiere a otras prácticas de carácter religioso, como la circuncisión, en cuanto a la garantía de sus condiciones médicas*[185]. *La importancia del elemento religioso queda también patente en la referencia que realiza a la promoción de un diálogo interdisciplinario*

---

184 "tomar las siguientes medidas con respecto a categorías específicas de violación de la integridad física de los niños: 7.5.1.condenar públicamente las prácticas más nocivas, como la mutilación genital femenina, y aprobar leyes que las prohíban, proporcionando así a las autoridades públicas los mecanismos para prevenir y combatir eficazmente estas prácticas, incluso mediante la aplicación de "medidas legislativas o de otro tipo" extraterritoriales para establecer jurisdicción para los casos en que nacionales son sometidas a la mutilación genital femenina en el extranjero, como se especifica en el artículo 44 del Convenio del Consejo de Europa para prevenir y combatir la violencia contra la mujer y la violencia doméstica (CETS núm. 210).

185 "definir claramente las condiciones médicas, sanitarias y de otro tipo que deben garantizarse para las prácticas que hoy en día se practican ampliamente en determinadas comunidades religiosas, como la circuncisión de niños jóvenes sin justificación médica".

entre representantes de diversas profesiones, incluidos médicos y representantes religiosos, a fin de superar algunos de los métodos tradicionales predominantes que no tienen en cuenta el interés superior del niño ni las últimas técnicas médicas.

Será en marzo de 2009, el 24 cuando el Parlamento Europeo apruebe la Resolución sobre la lucha contra la MGF practicada en la UE que condena toda forma o grado de MGF por ser "un acto de violencia contra la mujer que supone una violación de sus derechos fundamentales, concretamente el derecho a la integridad personal y física y a la salud mental, así como a la salud sexual y reproductiva", y afirma que "dicha violación en ningún caso puede justificarse por el respeto a tradiciones culturales de diversa índole o por ceremonias iniciáticas". Por su parte la Directiva de 25 de octubre de 2012 que sustituye la Decisión marco 2001/220/JAI del Consejo, que contiene referencia expresa a la MGF como forma de violencia por motivos de género, establece las normas mínimas sobre los derechos, el apoyo y la protección de las víctimas de delitos[186]. La Resolución del

---

[186] https://www.boe.es/doue/2012/315/L00057-00073.pdf
"(6) En la Resolución del Parlamento Europeo, de 5 de abril de 2011, sobre las prioridades y líneas generales del nuevo marco político de la Unión para combatir la violencia contra las mujeres (8), se proponía una estrategia para combatir la violencia contra las mujeres, la violencia doméstica y la mutilación genital femenina, como base para futuros instrumentos legislativos de Derecho penal de lucha contra la violencia de género, incluido un marco para combatir la violencia contra las mujeres (política, prevención, protección, persecución, previsión y asociación) seguido de un plan de acción de la Unión. Entre la normativa internacional en esta materia cabe citar la Convención de las Naciones Unidas sobre la eliminación de todas las formas de discriminación contra la mujer, adoptada el 18 de diciembre de 1979, las recomendaciones y decisiones del Comité para la Eliminación de la Discriminación contra la Mujer, y el Convenio del Consejo de Europa sobre prevención y lucha contra la violencia contra las mujeres y la violencia doméstica, adoptado el 7 de abril de 2011."

14 de junio de 2012 sobre erradicación de la MGF[187], por su parte, estipula que no puede considerarse como parte de una religión y la califica como acto de violencia, maltrato infantil en menores, como consecuencia de las relaciones de poder desiguales y que la lucha contra la misma se debe integrar en el marco general de lucha contra la violencia de género, por lo que se integra en el plan de acción de género y *subraya la necesidad de acción y sensibilización social donde destaca la participación de los líderes religiosos*[188].

"(17) La violencia dirigida contra una persona a causa de su sexo, identidad o expresión de género, o que afecte a personas de un sexo en particular de modo desproporcionado se entiende como violencia por motivos de género. Puede causar a las víctimas lesiones corporales o sexuales, daños emocionales o psicológicos, o perjuicios económicos. La violencia por motivos de género se entiende como una forma de discriminación y una violación de las libertades fundamentales de la víctima y comprende, sin limitarse a ellas, la violencia en las relaciones personales, la violencia sexual (incluida la violación, la agresión sexual y el acoso sexual), la trata de personas, la esclavitud y diferentes formas de prácticas nocivas, como los matrimonios forzosos, la mutilación genital femenina y los denominados «delitos relacionados con el honor». Las mujeres víctimas de la violencia por motivos de género y sus hijos requieren con frecuencia especial apoyo y protección debido al elevado riesgo de victimización secundaria o reiterada, o de intimidación o represalias ligadas a este tipo de violencia."

187 https://www.europarl.europa.eu/doceo/document/TA-7-2012-0261_ES.html#def_1_2

188 "C. Considerando que cualquier forma de mutilación genital femenina es una práctica tradicional dañina que no puede considerarse parte de una religión, sino que constituye un acto de violencia contra las mujeres y las niñas que supone una violación de sus derechos fundamentales, en particular el derecho a la seguridad e integridad personal y a la salud física y mental, así como de sus derechos sexuales y reproductivos, y que, en el caso de las niñas menores de edad, también constituye maltrato infantil; considerando asimismo que estas violaciones en ningún caso pueden justificarse por el respeto

El Convenio del Consejo de Europa de Estambul de 11 de mayo de 2011 sobre prevención y lucha contra la violencia contra las mujeres y la violencia doméstica, que entró en vigor en el Estado español el 1 de agosto de 2014, recoge el compromiso de los países firmantes de perseguir internacionalmente la mutilación[189], siendo el primer tratado europeo que aborda específicamente la violencia contra las mujeres y la violencia intrafamiliar. Los países firmantes se comprometen a perseguir internacionalmente la mutilación, sin que

---

a tradiciones culturales de diversa índole o por ceremonias de iniciación; E. Considerando que la mutilación genital femenina es una expresión de unas relaciones de poder desiguales y una forma de violencia contra la mujer, junto con otras formas graves de violencia de género, y que es absolutamente necesario integrar la lucha contra la mutilación genital femenina en un planteamiento general y coherente para combatir la violencia de género y la violencia contra la mujer; Pide a los Estados miembros que prosigan la ratificación de los instrumentos internacionales y los apliquen mediante una legislación exhaustiva que prohíba todas las formas de mutilación genital. 8.Insta a la Comisión a que garantice que la violencia de género y la potenciación del papel de la mujer se incluyan en todos los programas y políticas de desarrollo de la UE a través de su Plan de Acción de Género 2010; subraya la importancia de la sensibilización, la movilización de la comunidad, la educación y la formación, y de que se asocie a las autoridades locales, regionales y nacionales y a la sociedad civil de los países socios; señala que los esfuerzos por erradicar actitudes y prácticas lesivas que perjudican a las niñas tendrán éxito únicamente si se produce la plena participación de todos los protagonistas, incluidos los líderes religiosos y de la comunidad y las personas que trabajan directamente con las niñas, incluidos los padres, las familias y las comunidades.

189 Convenio de 11 de mayo de 2011. España depositó el Instrumento de Ratificación del Convenio el 11 de abril de 2014 publicado en el BOE de 6 de junio de 2014. Sobre el mismo en noviembre de 2014 junto con Amnistía internacional se elabora la guía El Convenio de Estambul: una herramienta para poner fin a la mutilación genital femenina.

posibles restricciones de la justicia universal puedan ser un impedimento: "Artículo 38 – Mutilaciones genitales femeninas Las Partes adoptarán las medidas legislativas o de otro tipo necesarias para tipificar como delito, cuando se cometa de modo intencionado: a) La escisión, infibulación o cualquier otra mutilación de la totalidad o parte de los labios mayores, labios menores o clítoris de una mujer; b) El hecho de obligar a una mujer a someterse a cualquiera de los actos enumerados en el punto a) o de proporcionarle los medios para dicho fin; c) El hecho de incitar u obligar a una niña a someterse a cualquiera de los actos enumerados en el punto a) o de proporcionarle los medios para dicho fin." Destaca especialmente por ser el primer instrumento de carácter vinculante del Consejo de Europa en materia de violencia contra la mujer y la doméstica.

En España la MGF ha sido objeto de regulación penal y de pronunciamientos judiciales así como de actuaciones por parte de comunidades y entidades locales concretándose en guías y protocolos de actuación.

Legislativamente la Ley Orgánica 11/2003, de 29 de septiembre, de medidas concretas en materia de seguridad ciudadana, violencia doméstica e integración social de los extranjeros, modificó el Art. 149 del Código Penal. De acuerdo con la exposición de motivos de la norma la reforma se planteó reconociendo que *con la integración social de los extranjeros en España hay nuevas realidades en nuestro país a las que el ordenamiento tiene que dar una respuesta, por lo que se tipifica el delito de mutilación genital o ablación, por ser una práctica en mujeres y niñas* que debe combatirse con firmeza, *sin que pueda en absoluto justificarse por razones pretendidamente religiosas o culturales.* Lo aquí expresado constata lo que hemos expuesto respecto al factor migratorio. El Artículo 149, que se sitúa en el Título III relativo a las lesiones, establece:

> 2. El que causara a otro una mutilación genital en cualquiera de sus manifestaciones será castigado con la pena de prisión de seis a doce años. Si la víctima fuera menor o persona con discapacidad necesitada de especial protección, será aplicable la pena de inhabilitación especial para el ejercicio de la patria potestad, tutela, curatela, guarda o acogimiento por tiempo de cuatro a 10 años, si el juez lo estima adecuado al interés del menor o persona con discapacidad necesitada de especial protección[190].

El bien jurídico protegido en estas figuras delictivas, tiene un directo reconocimiento constitucional en el derecho a la integridad física y moral del artículo 15 de la Constitución, siendo afectada por pérdida, inutilización, menoscabo o desfiguración de cualesquier órgano o parte del cuerpo. La acción típica no contiene ninguna limitación respecto de los medios empleados en la comisión, y cabe no sólo la comisión activa, sino también por omisión y la lesión que se contempla es agravada debido a un mayor contenido de injusto. Tiene como nota la permanencia en cuanto a imposibilidad de curación o el mantenimiento de una secuela física relevante y ello *sin perjuicio de una posible intervención reparadora extraordinaria*, aspecto que aclara la jurisprudencia y que no evita el tipo penal[191]. Por su parte la reforma de la Ley Orgánica 1/2015 de 30 de marzo, que modifica el Código Penal incorpora como agravante 4ª en el artículo 22 el género.

Hay además que tener en cuenta que la Ley Orgánica del Poder Judicial permitió en su momento la persecución del delito aunque hubiera sido cometido fuera de España siempre que los autores estuviesen en España[192] y que al ser un delito

---

190 Ley Orgánica 10/1995, de 23 de noviembre, del Código Penal, https://www.boe.es/eli/es/lo/1995/11/23/10/con

191 STS de 20-2-2006, RJ 2006, 947.

192 Ley Orgánica 3/2005, de 8 de julio, de modificación de la Ley Orgánica 6/1985, de 1 de julio, del Poder Judicial, para perseguir

entra en consideración lo dispuesto en el artículo 262 de la ley de Enjuiciamiento Criminal: "Los que por razón de cargos,

---

extraterritorialmente la práctica de la mutilación genital femenina. Exposición de motivos de la Ley: "La mutilación genital femenina constituye un grave atentado contra los derechos humanos, es un ejercicio de violencia contra las mujeres que afecta directamente a su integridad como personas. La mutilación de los órganos genitales de las niñas y las jóvenes debe considerarse un trato «inhumano y degradante» incluido, junto a la tortura, en las prohibiciones del artículo 3 del Convenio Europeo de Derechos Humanos.(...). En esta línea se inscribe la presente Ley Orgánica al posibilitar la persecución extraterritorial de la práctica de la mutilación genital femenina cuando la comisión del delito se realiza en el extranjero, como sucede en la mayor parte de los casos, aprovechando viajes o estancias en los países de origen de quienes se encuentran en nuestro país. Regulando del siguiente modo : Artículo único. Se añade un nuevo epígrafe g) al apartado 4 del artículo 23 de la Ley Orgánica 6/1985, de 1 de julio, del Poder Judicial, que queda redactado como sigue: «4. Igualmente será competente la jurisdicción española para conocer de los hechos cometidos por españoles o extranjeros fuera del territorio nacional susceptibles de tipificarse, según la ley penal española, como alguno de los siguientes delitos: (...) g) Los relativos a la mutilación genital femenina, siempre que los responsables se encuentren en España. h) Y cualquier otro que, según los tratados o convenios internacionales, deba ser perseguido en España.
https://www.boe.es/buscar/doc.php?id=BOE-A-2005-11863
También son referencia en el código penal artículo 151. La provocación, la conspiración y la proposición para cometer los delitos previstos en los artículos precedentes de este Título, será castigada con la pena inferior en uno o dos grados a la del delito correspondiente. Artículo 152. 1.El que por imprudencia grave causare alguna de las lesiones previstas en los artículos anteriores será castigado, en atención al riesgo creado y el resultado producido: (...) 2. Con la pena de prisión de uno a tres años, si se tratare de las lesiones del artículo 149. 3. (...)Si las lesiones hubieran sido cometidas por imprudencia profesional, se impondrá además la pena de inhabilitación especial para el ejercicio de la profesión, oficio o cargo por un período de seis meses a cuatro años.

profesiones u oficios tuvieran noticia de algún delito público, estarán obligados a denunciarlo inmediatamente al ministerio fiscal, al tribunal competente, al juez de instrucción y, en su defecto, al municipal o al funcionario de policía más próximo al sitio, si se tratase de un delito flagrante"; refiriéndose el artículo 355 a la obligación de las y los profesionales en este sentido: "si el hecho criminal que motive la formación de una causa cualquiera consistiese en lesiones, los médicos que asistiera malherido estarán obligados a dar parte de su estado".

También se refiere a la MGF la ley 26/2015, de modificación del sistema de protección a la infancia y a la adolescencia, concretamente en su artículo 11 se introduce como principio rector de la actuación administrativa la protección de los menores contra cualquier forma de violencia, incluida la producida en su entorno familiar, *de género y entre otras la mutilación genital femenina, desarrollando los poderes públicos actuaciones de sensibilización, prevención, asistencia* y protección frente a cualquier forma de maltrato infantil, estableciendo también los procedimientos de coordinación entre las Administraciones Públicas competentes.

Los aspectos sanitarios son elemento esencial en el tratamiento de la MGF, así España participó en la Conferencia Internacional sobre MGF en Roma (22-25 oct) de 2013 que tenía el objetivo de consolidar el compromiso político y el impulso nacional y en 2014 en la 67ª Asamblea Mundial de la Salud, que impulsó la adopción de la resolución A6/22 para afrontar el problema mundial de la violencia en particular contra las mujeres y las niñas y que aborda el papel del sistema de salud en ello, contemplando la MGF como forma de violencia y determinando que se establezca el Protocolo común de actuación sanitaria ante la misma en 2015[193].

---

193 https://www.sanidad.gob.es/organizacion/sns/planCalidadSNS/pdf/equidad/Protocolo_MGF_vers5feb2015.pdf. Visitado el 20/10/23

Por su parte, los tribunales españoles han tenido ocasión de resolver sobre la materia en múltiples ocasiones, bien en contextos familiares, bien por motivos de asilo. Los pronunciamientos se refieren a la realización de la MGF en el ámbito familiar, con conocimiento de los padres o sin el mismo, y en numerosos casos con la participación de un familiar cercano, frecuentemente la abuela[194], y también los casos se refieren a supuestos de asilo en relación a aquellas mujeres que vienen de contextos en los que se realiza esta práctica y de los que quieren escapar y otros que se refieren al género. En los primeros casos se repiten en nuestra jurisprudencia, los supuestos sobre personas con origen en Gambia donde está prohibida su realización, pero en la que la población mayoritariamente musulmana la tiene como práctica e incluso ha existido una campaña para despenalizarla y dejar que sea una decisión libre de las familias[195]. En otros casos se establece la prohibición de viajar con las hijas menores al país africano de origen por ser

194 AN, sala de lo penal sección 3ª, sentencia núm. 5/2014 de febrero, con absolución de los padres del delito de lesiones al ser sometidos en un viaje a Gambia a ablación por la abuela sin el consentimiento de los padres. SAN sala de lo penal sección 1ª, sentencia núm. 31/2019 de 15 de noviembre también en relación a una ablación que fue realizada en Gambia a una menor de dos semanas de vida por la abuela materna, sin el consentimiento de la madre y antes de que residiera en España por reagrupación familiar, siendo legal en su país en ese momento y sin que el hecho de que su marido residiera en España, implique que pudiera la madre conocer la ilegalidad en España. SAN, sala de apelación, sentencia núm. 3/2020 de 27 de febrero sobre la realizada con desconocimiento de la madre de la intención de su suegra de ordenar la mutilación genital de la hija menor.

195 En este país líderes políticos y religiosos como el Iman Abdoulie Fatty y el diputado Sulayman Saho,han pedido su despenalización, teniendo el asunto como detonante la detención y el encarcelamiento por aplicación de la ley de tres mujeres que la practicaban en niñas. https://elpais.com/planeta-futuro/2023-09-20/un-retroce-

práctica habitual la mutilación en el mismo, adoptándose la medida por el riesgo para las niñas, lo que limita las facultades de disposición y gestión de los progenitores[196]. No faltan, sin embargo, también supuestos en los que se aprecia la existencia de error de prohibición vencible apreciable, como en el de una niña sometida a ablación del clítoris por sus padres de origen gambiano y en el que la madre desconocía que el acto pudiera ser delictivo por llevar poco tiempo en España y tener por ello la formación cultural propia de su país, pero en la que se considera que el padre si llevaba larga residencia en España como para poder conocer la realidad social e ilicitud de sus actos[197]. Incluso, en otros casos se llega valorar la actitud de los padres a futuro al no poderse probar que se saliera de España y con evidencia del tiempo en que se produjo[198]. Otras sentencias muestran la comisión por omisión de los padres en ablaciones realizadas fuera de España y que se detectan en nuestro país[199]. Sobre el error de prohibición el Tribunal Supremo se ha referido a que no cabe elaborar una teoría del mismo fundada en

---

so-de-30-anos-en-gambia-lideres-religiosos-y-politicos-quieren-despenalizar-la-mutilacion-genital-femenina.html. Visitado el 07/06/23.

196 AP Girona, sección 2ª, auto núm. 152/2007 de 2 de julio ; AP Barcelona, sección 18, sentencia núm. 305/2010 de 11 de mayo. TOL1.914.1417.

197 SAP de Teruel de 15 de noviembre de 2011, sección 1ª, Sentencia núm. 26/2011. Sentencia del Tribunal Supremo de 2013 de 16 de diciembre, sala de lo penal, sentencia núm. 939/2013 en la que también se absuelve a la madre senegalesa al no constar que la madre la sometiera en su país a la práctica y que no tenía medios de estar informada de la ilegalidad para impedir la realización. TOL4.053.812.

198 STS sala de lo penal, sección 1ª, sentencia núm. 399/2014 de 8 de mayo, se refiere a una niña de gambiana a la que se le detecta que se le ha realizado la ablación en reconocimientos médicos. TOL4.354.874.

199 AN sala de lo penal sección 3ª , sentencia núm. 44/2019 de 23 de diciembre, en este caso resección total de clítoris y de los labios menores vulvares que se presume hecha en Mali.

los factores culturales a los que pertenece el sujeto, porque *el respeto a las tradiciones y a las culturas tiene como límite infranqueable el respeto a los derechos humanos que actúan como mínimo común denominador exigible en todas las culturas, tradiciones y religiones.* La ablación del clítoris no es cultura, es mutilación y discriminación femenina, recordando la exposición de motivos de la Ley orgánica 3/2005, de 8 de julio[200].

En casos de asilo en relación con la consideración de la MGF hay que tener en cuenta el reconocimiento por parte del Tribunal Supremo de que "una situación de desprotección y marginación social, política y jurídica de las mujeres en su país de origen, que "vulnere de forma evidente y grave sus derechos humanos, es causa de asilo"[201]; y también que "*la persecución por razón de sexo* resulta encuadrable sin duda entre las persecuciones sociales"[202]. Las sentencias en la materia presentan un sentido muy diverso, debido al marcado carácter casuístico de la materia de asilo, por lo que hay que entrar en cada caso en la verosimilitud de los indicios que se aporten. Como muestra nos referimos a algunos de estos pronunciamientos como es una de las primeras sentencias sobre el derecho de asilo que se refiere a la solicitud de una mujer de Nigeria y en la que tienen especial importancia en los considerandos los informes de ACNUR y de Cultura per la Pau UAB que avalan la solicitud; considerando la sentencia que si la administración duda de la verosimilitud de los hechos narrados por la persona solicitante debe aportar pruebas de esa falta de verosimilitud. Es por ello que en la sentencia se estimó que el Estado de Nigeria no

---

200 STS de 31 de octubre de 2012, sala de lo penal, sección 1ª, núm. 835/2012. En este caso una niña sometida a la práctica por sus padres gambianos, pero con larga residencia en España por lo que no es posible alegar factores culturales.

201 SSTS de 7 de julio de 2005, y 8 de julio de 2008.

202 SSTS de 31 de mayo de 2005, 9 de septiembre de 2005 y 10 de noviembre de 2005.

protegía a la mujer *asimilando la MGF a la persecución sufrida por periodistas argelinos o homosexuales* rumanos siguiendo el criterio del art. 1.2 de la Convención de Ginebra los Derechos Humanos[203]. Otras sentencias concluyen con la denegación de la solicitud como en el caso de la sentencia del Tribunal Supremo de 2008, en la que se trataba de una solicitud que se justifica en que la mujer decía ser originaria de Nigeria y que había huido de aquel país ante la presión familiar para casarla a la fuerza y que como paso previo a este matrimonio le iban a practicar la ablación del clítoris. Pero su relato resultaba incoherente y con contradicciones, sin haber acreditado la nacionalidad, por lo que no había pruebas ni siquiera indiciarias de su relato[204]. En otros casos sí es posible considerar y valorar el hecho de que a la mujer se la someta a la MGF como paso previo a un matrimonio forzoso, como es en un pronunciamiento del TS de 2009 sobre una mujer a la que se había obligado a "someterse a la bárbara práctica de la ablación genital como paso previo para un matrimonio no deseado" alegándose persecución por razón de sexo. El resultado es que se estima su permanencia en España por razones humanitarias, aunque en primera instancia fue desestimada su solicitud, siendo que el TS en el recurso de casación tiene en consideración la situación social y política de Nigeria por lo que según los informes es creíble en relato de la mujer y además que se acredita que en Nigeria es habitual la práctica de la MGF y la práctica de los matrimonios forzosos, y que las mujeres no encuentran una protección eficaz en el sistema legal del país; por todo ello en este caso si se considera que el relato es preciso y coherente con ese contexto social y el dato de que ha sufrido,

---

[203] SAN, sala de lo Contencioso Administrativo, de 12 de enero de 2005. TOL716.303.

[204] STS, Sec. 5.ª, 04/07/2008. TOL1.346.989.

efectivamente ablación genital acredita que ha sufrido una persecución por su pertenencia al género femenino[205].

La pregunta que se nos plantea después de este examen es si en los factores que motivan que se realice la mutilación están presentes las razones religiosas o el elemento religioso y si estos deben ser tenidos en consideración. Para responder habrá que atender a los datos que arroja su práctica en la actualidad, pues se trata de afrontar el problema actual más allá de sus antecedentes históricos, sin que ello lleve a ningún tipo de criminalización, pero sin ignorar u omitir la realidad objetiva perdiéndonos en otro tipo de consideraciones. Lo que nos presenta el dato en relación a que las creencias religiosas son parte de la cuestión nos lo trae a primer término el hecho de que en los programas preventivos se tiene en cuenta, entre otros factores, el de la religión de los padres y del grupo social[206], también el hecho de que, tal y como hemos citado en las páginas anteriores, que está presente la mención a las creencias religiosas en las referencias internacionales y en la legislación, así como en la doctrina[207].

---

205 STS, Sec. 5.ª de 11/05/2009, RC 3155/2006, FJ 7.º.

206 ALCÓN BELCHI, C., JIMÉNEZ RUIZ, I., op.cit., p. 200.

207 Ejemplo de esto último lo encontramos en reflexiones sobre la libertad religiosa como excusa absolutoria en relación con el delito de homicidio por omisión referidos no específicamente a estas prácticas, pero en las que se toman como elemento para una comparación que sustenta un argumento en relación con la libertad religiosa, sus límites y contenido. PULIDO QUECEDO, M., "Libertad religiosa y los límites constitucionales de las creencias religiosas", *Repertorio Aranzadi del Tribunal Constitucional*, núm.12/2002, Aranzadi. Referido a la STC 154/2002, de 18 de julio. El autor realiza una interesante reflexión estableciendo en su argumento la referencia, precisamente, a la mutilación genital femenina en relación a una sentencia del TC sobre la actuación de unos padres Testigos de Jehová y en la se dilucida "si la libertad religiosa prevalece. Plantea de modo provocador si "La solución del caso que es comprensible

Por otro lado, destaca el dato de que de modo paradójico el carácter cultural de las motivaciones es uno de los elementos que se utiliza para ignorar la presencia de las creencias religiosas; pero en la realización de estas prácticas no hay un único fundamento ya que lo religioso no deja de ser social y cultural y lo social no es ajeno a lo religioso, por ello determinar un único criterio o fundamento que se pueda aislar como en un laboratorio no responde a la realidad; especialmente cuando lo cultural incorpora diversidad de factores que lo construyen. Se trata del mismo tipo de argumentos que suelen utilizarse para discutir si el velo islámico tiene fundamento religioso o no o si en realidad es una cuestión cultural. Así entre las posturas que excluyen o niegan el fundamento religioso se manejan argumentos como la confusión entre lo religioso y lo cultural y la falta de fundamentación doctrinal o dogmática de la práctica, atribuyéndola a creencias sociales del grupo. En los argumentos se circunscribe lo religioso a los preceptos religiosos de cumplimiento inexcusable o a las referencias literales de los libros sagrados sin consideraciones interpretativas y excluyendo el adjetivo de religioso a prácticas con fundamento religioso aunque no de cumplimiento inexcusable.

El intento de ignorar el fundamento religioso, o la presencia de la motivación religiosa, tratando de que no se haga una generalización o identificación inmediata entre determinadas creencias y la mutilación, concretamente con el islam de cara a su no criminalización, no parece la vía adecuada para afrontar un tratamiento eficaz y no exclusivamente penalista. En esta vía se argumenta, de manera repetitiva, que estas prácticas tienen un origen preislámico y hacen referencia

---

desde la sensibilidad humana, no da a la cuestión nuclear del control del dogma de las religiones, ínsita en el contenido de la libertad religiosa. ¿Habría sido la misma la respuesta del TC desde la libertad religiosa, si una niña muere a consecuencia de una ablación de clítoris, sobre la que la interesada, menor, y los padres consienten, porque así lo dicen sus creencias o religión que practican?".

a su realización por coptos en Egipto y también por judíos en Etiopia; en definitiva, se excluye la referencia al islam en el análisis de la práctica actual con su origen preislámico, su práctica por otros grupos de creencias y por último al carácter desviado de este islam[208]. En el análisis sobre la relación de la práctica con el islam consideran que no está establecida en el Corán, ni como obligación en la Sunna[209], sin embargo sobre esto hay que explicar que si se reconoce en algunos hadices como no obligatoria y es defendida por algunas corrientes islámicas, incluso como preceptiva[210]. Resulta una postura "apresurada" o "superficial" el entendimiento de la religión como un

---

208 "Las prácticas culturales perjudiciales son el resultado de la desigualdad entre los géneros y de normas sociales, culturales, de prácticas pseudos-religiosas desviadas y de las tradiciones discriminatorias que regulan la posición de la mujer en la familia, en la comunidad y en la sociedad. La consecuencia es un control dominante y reductor de la libertad de las mujeres, la interpretación que de ellos se ha hecho en relación al estatus de las mujeres musulmanas ha estado plagada de intoxicaciones ajenas al credo islámico". IZQUIERDO COLLADO, J.D. Y TORRES KUMBRIÁN, R.D., op.cit., pp. 1 y 2.
Sobre su práctica por grupos por razones no religiosas mirar la siguiente referencia SANZ MULAS, N., "Diversidad cultural y política Criminal. Estrategias para la lucha contra la mutilación genital femenina en Europa especial referencia al caso español " en *Revista electrónica de ciencia penal y criminología,* 16, 2 1014, p. 28; GÓMEZ-LIMÓN AMADOR, M. T./GONZÁLEZ GONZÁLEZ, I., *Las tradiciones que no aman a las mujeres,* Foca, Madrid, 2011, pp. 174-176 , Recoge como persisten entre los cristianos coptos la comunidad judía de Etiopía, y entre algunas religiones animistas tradicionales.

209 ORTEGA TEROL. J. M., "Islam y derecho internacional: influencia y desencuentros " en CATALÁ RUBIO, S./MARTÍ SÁNCHEZ, J. M., *El islam en España. historia, pensamiento, religión y derecho,* ediciones de la Universidad de Castilla-la mancha, 2001, p. 108.

210 VIDAL GALLARDO, M., op.cit., pp. 176 y 177. En un Hadith o proverbio popular atribuido a Mahoma: Ante una pregunta que se realizó a Mahoma un hombre practicante declaró Mahoma reduce, pero no destruyas.

conjunto de textos que se interpretan en una literalidad por estar esto muy alejado de lo que nos aporta el estudio de la teología y las ciencias religiosas en relación al conocimiento y entendimiento de los contenidos de las diversas creencias religiosas. La referencia a si está o no recogido en el Corán o en las fuentes islámicas y si lo está con carácter obligatorio, lo que coincide en el uso de un argumento utilizado con el del velo islámico, se inserta, también, en la discusión de cultural versus religioso. Este debate no termina por resolverse respecto a su carácter religioso o cultural debido a que participa de ambos: en cuanto a su carácter obligatorio o no, recurriendo a las fuentes del derecho en el islam, es necesario un conocimiento de las distintas escuelas jurídicas y de los pronunciamientos de los líderes religiosos pues no se puede contemplar el islam como una unidad sino considerar su realidad diversa. De acuerdo con esto es por lo que nos encontramos que en quienes llevan a cabo esta práctica está presente la idea de que tiene un respaldo religioso, estando fundamentada en el hecho de que algunos líderes religiosos la fomentan, aunque otros la consideren irrelevante para la religión y otros contribuyan activamente a su eliminación[211]. *Por todo lo anterior descartar la presencia de las creencias religiosas en este tema, desde la perspectiva propia de una falta de fundamentación, entendida con criterios externos a las propias creencias religiosas, proporciona una visión sesgada del tema*[212].

Como en otros temas la presencia del factor religioso lleva a que se trate de evitar la estigmatización de determinadas creencias, así El Fondo de Población de las Naciones Unidas (FNJAP) utiliza expresiones que tratan de evitar la demonización de ciertas culturas, religiones y comunidades.

211 Izquierdo Collado, J.D. y Torres Kumbrián, R.D., op.cit., pp. 1, 2, 6 y 7.

212 Revelador es el ejemplo de lo que se recoge el Fondo de Población de Naciones Unidas, en su documento "Preguntas frecuentes

En concreto los datos que muestran los casos que en los tribunales españoles se han presentado y los que son detectados por los servicios de salud y servicios sociales se corresponden con contextos culturales que en lo religioso se identifican con el islam. Corroborando esto se puede considerar el hecho de que las organizaciones islámicas se hayan desmarcado de la misma y la hayan condenado, concretamente la Comisión Islámica de España y la Unión de Comunidades Islámicas de España (UCIDE), pidiendo también que no se confunda con la práctica de la circuncisión[213]. Observamos como las manifestaciones de líderes religiosos son diversas y son realizadas desde el contexto del islam, ya que no hemos encontrado pronunciamientos similares en el ámbito de otras creencias religiosas en el sentido de argumentaciones doctrinales, morales o sociales a favor de la ablación, al menos en la actualidad. Por lo tanto,

---

sobre la mutilación genital femenina",https://www.unfpa.org/es/resources/preguntas-frecuentes-sobre-la-mutilaci%C3%B3n-genital-femenina-mgf#origen.: Hay alguna religión que exija la MGF? "Ninguna religión fomenta o aprueba la MGF. Sin embargo, más de la mitad de las mujeres y niñas de 4 de los 14 países donde se dispone de datos *veían la MGF como un requisito religioso.* Y, aunque a menudo se percibe que la MGF está vinculada al islam, tal vez porque se practica entre muchos grupos musulmanes, no todos los grupos islámicos la practican, y muchos grupos no islámicos sí lo hacen, incluidos algunos cristianos, los judíos etíopes y los seguidores de ciertas religiones tradicionales africanas. Por tanto, la MGF es más una práctica cultural que religiosa. De hecho, muchos líderes religiosos la han denunciado".

Estas afirmaciones en su afán por no estigmatizar las religiones, fundamentalmente el islam, realizan un retrato poco fiel de la realidad en la que se erigen en portavoces de lo que constituye o no parte de las creencias religiosas independientemente de las personas y grupos.

213 Europa press: La comunidad musulmana en España condena la mutilación genital. https://www.europapress.es/sociedad/noticia-comunidad-musulmana-espana-condena-mutilacion-genital-pide-no-confunda-circuncision-20131014134848.html. Visitado el 14/01/24.

aunque se practique en contextos socio religiosos no islámicos, en estos no se plantea su fundamentación religiosa desde las instancias religiosas, si no exclusivamente comunitaria, social, cultural y de género. Nos detenemos en algunos ejemplos que muestran la variedad de posiciones presente en los líderes religiosos islámicos. En Egipto se han dado fatuas que determinaban su carácter religioso y otras que lo desmentían e incluso iban más allá estableciendo la obligación de erradicarlas[214]; así mismo en Alemania se han realizado debates televisivos sobre este tema que revelan esta misma diversidad de pareceres, en concreto sobre la circuncisión femenina en Sudán[215]. En estos se ponían de relieve posturas que se manifestaban a favor de su práctica, tal y como se realiza en Sudán, por razones fundamentalmente religiosas y también por su carácter de mínima intervención. El director de la Asociación de estudios islámicos sudaneses[216] manifestó que la apoyaba porque elimina una

---

214 Algunos clérigos habían publicado fatuas sobre su prescripción en el islam basándose en hadices y el responsable de publicar edictos religiosos mediante los que las autoridades públicas tratan de tomar medidas para eliminar esta situación, promulgó una fatua en la que declara la ablación como una intervención no islámica e indica públicamente que la ablación no está mencionada en la legislación islámica y que se trata de "un deber religioso" erradicarla por "su impacto negativo en el bienestar físico y psíquico" de la población femenina. "Esta práctica no tiene origen religioso. Procede de tradiciones y costumbres heredadas. La mayor prueba de que no es una obligación para las mujeres es que el profeta Mahoma no circuncidó a sus hijas. CARRIÓN, F., *El Mundo internacional,* 11 junio. 2018.

215 Retransmitido el 25 de septiembre, 2018 En «Shabab Talk», *un programa en el canal de televisión alemán de la Deutsche Welle.* Instituto de investigación de medios de Medio Oriente. MENRI, 12 de octubre de 2018. https://www2.memri.org/espanol/mujeres-de-sudan-desafian-justificacion-de-principales-clerigos-y-parlamentarios-a-la-mutilacion-genital-femenina-y-dicen-que-deberia-ser-ilegal/49111. Visitado el 04/06/23.

216 Profesor sudanés Muhammad Uthman Saleh.

pequeña parte del clítoris, así como el parlamentario sudanés Al-Sadeq Abu Al-Bashar utilizando argumentos religiosos para ello[217]. También en Rusia, en referencia al Cáucaso, en 2016, el muftí Ismail, presidente del centro coordinador de los musulmanes del Cáucaso norte en declaraciones a una emisora local, se refirió a la mutilación diciendo que por lo que él sabía aplaca la fogosidad femenina y no afecta a la salud; estas declaraciones se realizaron en el contexto de un informe que hacía referencia a la realización de mutilaciones en la república de Daguestán, que es una zona montañosa donde la sociedad sigue la sharía y en la que, según los autores del informe, las mujeres declaran que "La ablación debe hacerse para que la niña se convierta en musulmana"; "es necesario para que la niña empiece a rezar"; "la mujer debe volverse más humilde y resignada" o "aquella que es mutilada irá al paraíso", vinculando su práctica con el islam[218]. También en Malasia, donde la religión predominante es el islam suní que sigue la escuela de ley religiosa shafi'i y considera la circuncisión femenina como obligatoria, el Comité Fatwa del Consejo Nacional de Asuntos Religiosos Islámicos dictaminó, en 2009, que la circuncisión femenina era obligatoria para todas las mujeres musulmanas, a menos que fuera perjudicial[219].

---

217 Expresó que los musulmanes deben respetar su religión y que los textos religiosos afirman que la circuncisión femenina es «médicamente beneficiosa para la mujer y aumenta su belleza».

218 Diario de Noticias de Navarra, 18 de agosto de 2016. https://www.noticiasdenavarra.com/sociedad/2016/08/18/clerigo-musulman-revoluciona-rusia-defender-2737804.html.Visitado el 07/11/2023.

219 Ante las solicitudes de la comunidad médica al ministerio de salud para conocer cómo debían actuar en relación a esta práctica se pronuncia el Departamento de Desarrollo Islámico por considerarlo un asunto religioso y se emite una fatua que cambia su carácter de recomendada a obligatoria. https://www.vice.com/es/article/4w7ja9/female-circumcision-is-becoming-more-popular-in-malaysia. Visitado el 01/09/23.

El que la ablación femenina o MGF se trate de una cuestión de género no excluye las motivaciones religiosas en su realización. No cabe duda de que estas prácticas se sitúan plenamente en las cuestiones de género si bien los paralelismos y comparaciones que se han establecido de la misma con la circuncisión masculina han llevado a algunos a plantear que se eliminaría el sesgo discriminatorio y de género. Lo cierto es que es una cuestión de género pues se justifica en que es necesaria para una adecuada educación de las niñas, como su preparación para el matrimonio y ser respetada, como parte de un comportamiento sexual adecuado en el que está presente la virginidad y la fidelidad por lo que se relaciona con la necesidad de disminuir el deseo sexual de la mujer[220]. El hecho de que se trata de una acción que implica exclusivamente a las mujeres, por definición al practicarse sobre los órganos sexuales femeninos, es la base de que es una cuestión de discriminación sexual o de género, que responde a patrones de dominación y sometimiento de la mujer al hombre en relación al plano sexual. En algunos casos esta razón de género lleva a que se monopolice en las mismas el argumentario sobre estas prácticas y por lo tanto sobre su tratamiento y *se produce como efecto, quizás no deseado, la ignorancia y la desvinculación de la práctica con las doctrinas religiosas en un razonamiento por el que se sustenta su existencia exclusivamente en formas de violencia contra la mujer en contextos patriarcales; pero un hecho no excluye el otro puesto que las creencias religiosas no se desarrollan de modo aislado al contexto social y cultural* en el que viven, sino todo lo contrario puesto que en todas ellas está presente el factor humano y por lo tanto el cultural, la interpretación y las diferentes espiritualidades y teologías.

Recapitulando, la presencia de las creencias religiosas en la realización de la ablación y mutilación genital resulta incuestionable, primero por la existencia de doctrinas religiosas que así lo argumentan, como

---

[220] Izquierdo Collado, J.D. y Torres Kumbrián, R.D., op.cit. pp. 6 y 7.

hemos reflejado, segundo por las manifestaciones de líderes religiosos en este sentido y tercero por la propia creencia y vivencia de los individuos creyentes y practicantes de su religión. La vinculación de las prácticas con el islam también resulta constatable y no queda invalidada por su origen ya que en la práctica actual su fundamentación la hemos encontrado en el contexto religioso de las creencias islámicas, tampoco queda invalidada porque determinadas interpretaciones se califiquen como desviadas o incorrectas ya que esto es una cuestión dogmática o teológica, no jurídica o social; en conclusión desde la perspectiva del fundamento y del derecho de libertad religiosa existe una vinculación en la actualidad.

Los factores que están presentes en torno a la MGF son múltiples, comprenden una mezcla de elementos culturales, religiosos, sociales, sanitarios familiares, de género y comunitarios, de tal modo que la práctica tiende a perpetuarse por la presión social para adaptarse a lo que hacen los demás y a lo que se ha venido haciendo tradicionalmente[221]. Esta diversidad de elementos que juegan en que se produzca esta práctica y que lo haga también en contextos culturales ajenos a la misma reclama en su tratamiento un enfoque desde el derecho que considere un entendimiento global/interdisciplinar.

Las razones por las que se realizan estas prácticas constituyen un elemento esencial a la hora de su valoración jurídica y de la adopción de medidas y actuaciones políticas, jurídicas y sanitarias que comprendan un tratamiento adecuado del tema de acuerdo con los derechos fundamentales y los derechos humanos, ya que, como exponía Álvarez Degregori, para erradicar estas prácticas que suponen una amenaza para la salud de millones de personas en el mundo, es fundamental "entender la lógica con que lo hacen y se

---

221 IZQUIERDO COLLADO, J.D. Y TORRES KUMBRIÁN, R.D., op.cit, pp. 6 y 7.

justifican"[222]. *Así las medidas para la erradicación de estas prácticas desde organizaciones y ámbitos gubernamentales comprenden la implicación de los contextos sociales y religiosos y de los líderes religiosos; luego esto constata la vinculación existente y la importancia del hecho religioso en estas prácticas, ya que de lo contrario no sería necesaria la implicación de líderes religiosos o comunidades sociales y religiosas que resulta fundamental en las acciones a desarrollar.* Esto no quiere decir que se trate de caer en una estigmatización de las creencias religiosas, sino que de lo que se trata es de tener en consideración cual es la realidad, el dato desde la que hay que partir. *Negar la vinculación y el fundamento es negar los datos que nos proporciona la realidad, lo que no ayuda al tratamiento integral del tema como mecanismo eficaz de erradicación. La colaboración de las autoridades y líderes religiosos en la extinción de estas prácticas es un elemento fundamental,* así en Turquía, la participación de los dirigentes religiosos en la labor de erradicación de los denominados crímenes de honor ha dado resultados prometedores en el marco de un proyecto de educación en derechos humanos de la mujer denominado Concienciación y fomento de la capacidad de los dirigentes religiosos[223].

3. INTERVENCIONES EN EL CUERPO DEL HOMBRE

Si bien el objeto de estas páginas se refiere a la mujer y la libertad religiosa desde una perspectiva de género, resulta de interés en relación con la MGF la referencia a las intervenciones y prácticas sobre órganos sexuales masculinos con/por

---

222 Álvarez Degregori, C., manifiesta que en el discurso occidental se contempla la mutilación genital femenina como una agresión descontextualizada. ÁLVAREZ DEGREGORI, C., "Mutilaciones en la infancia. De los discursos dominantes a las prácticas condenadas", Conferencia, Universidad Pública de Navarra, 17 de octubre, 2006 en las *sextas jornadas África Imprescindible*–Afrika Behar Beharrezkoa.

223 IZQUIERDO COLLADO, J.D. Y TORRES KUMBRIÁN, R.D., op.cit., p. 16.

motivaciones religiosas ya que es también una intervención no terapéutica y que se realiza por razones religiosas y sobre los órganos sexuales[224].

Son varias las cuestiones que merecen atención como el hecho de, qué aspectos comparten, si cabe equiparación, las diferencias de tratamiento jurídico y finalmente si en relación a su consideración desde la perspectiva de género, si la existencia de una intervención de estas características en los hombres eliminaría el sesgo discriminatorio y de género que se atribuye a la MGF. En la reflexión se considerará el hecho de que hay posturas e incluso pronunciamientos judiciales en los que se contraponen la circuncisión masculina/femenina.

Los aspectos en los que se plantean los paralelismos y las diferencias entre la ablación y la circuncisión comienzan con la cuestión terminológica, así se ha querido diferenciar la práctica sobre el cuerpo de la mujer y del hombre. En relación a la mujer desde los organismos y legislación internacional y nacional se opta por el uso del término mutilación genital femenina o en todo caso ablación pero no el de circuncisión femenina para marcar las diferencias de una y otra práctica, puesto que su carácter invasivo no es igual; concretamente organizaciones como Amnistía Internacional se han opuesto al uso del término circuncisión femenina que, como hemos referenciado, sí se utiliza en algunos contextos religiosos, institucionales y territoriales. Particularmente el termino mutilación se introdujo a finales de los años setenta para sustituir

---

224 La circuncisión masculina tiene una importante relevancia por haber sido realizada a un sexto de la población mundial masculina y por ello ha sido objeto de la atención jurídica MÁRQUEZ GARCÍA, E.Y, GARCÍA-CARVAJAL, J.A, "La circuncisión como una manifestación de vulneración del derecho al libre desarrollo de la personalidad", *Derecho y políticas públicas* , *DIXI,* vol. 15,núm 17, enero junio 2013, p. 37.

al de circuncisión femenina en referencia a que el daño a la salud de la mujer es irreversible, adoptándose en la Tercera Conferencia del Comité inter-africano sobre Prácticas Tradicionales que afectan a la salud de mujeres y niños en 1991, año en el que también la OMS lo recomienda para utilizar en el ámbito de Naciones Unidas[225].

El segundo de los aspectos a considerar es el sanitario o relativo a la salud que constituye una cuestión central en ambas prácticas. En los dos casos hablamos de intervenciones que no responden a razones de salud o médicas, esto es terapéuticas. En el caso de la circuncisión sin embargo hay posturas que han defendido supuestos beneficios, siendo esto objeto de numerosa bibliografía y de discusión[226], lo que introduce la cuestión de que se trate de una intervención médica necesaria o al menos conveniente o recomendable. Lo cierto es que la circuncisión puede presentar complicaciones igual que otras intervenciones médicas y por ello la Asociación Americana de medicina, en 1999 señalaba que prácticamente todas las declaraciones de las organizaciones de salud no recomiendan la circuncisión de rutina y además, la Academia Estadounidense de Pediatría en 2010 propuso la "circuncisión sin corte" de tal modo que se abandonen las intervenciones dañinas pero se cree confianza en los centros médicos a las comunidades

---

225 Atienza Macías, E., "Respuestas jurídicas a conceptos controvertidos: Transexualidad, cambio de sexo e intersexualidad, ablación y circuncisión", *Actualidad Jurídica Iberoamericana,* 12, febrero 2020, p. 529.

226 Aldeeb Abu-Sahlieh, S., *Circoncision masculine, circoncision féminine. Débat religieux, médical, social et juridique,* Editions L'Harmattan, 2001, el autor expone el debate religioso, médico, social y legal entre judíos, cristianos y musulmanes en el campo de la circuncisión femenina y masculina siendo partidario de la abolición de ambas.

subsaharianas desplazadas [227]. Existen por otro lado numerosos estudios y argumentos en relación a sus beneficios y el equilibrio entre riesgo y beneficio de su realización[228]. Las posturas que niegan estos beneficios y que refuerzan su consideración como una intervención no exenta de riesgos entran en juego precisamente cuando se establece un cierto paralelismo con la ablación femenina. Sobre los aspectos médicos la jurisprudencia tiene en consideración para su valoración en qué casos se realiza sin un propósito terapéutico directo y el momento de su realización por ser más sencilla a temprana edad, es decir el riesgo médico, aunque se esté afectando a la integridad física y sea irreversible. Con carácter general no se reconoce el contenido penal en la circuncisión masculina cuando no afecta a la funcionalidad sensor o motriz en las relaciones sexuales o en la micción, si no solo se puede plantear cuando hay daños por una mala praxis en su ejecución [229].

Otro de los elementos en juego es el de que la circuncisión masculina, tiene fundamentos religiosos y culturales. Los aspectos que tienen que ver con una visión propia del hetero patriarcado pueden considerarse presentes en relación a los estereotipos de género o culturales. Así podría adoptarse una perspectiva de género considerando las visiones que entienden que con la circuncisión se pretende limitar el coito y debilitar

---

227 MÁRQUEZ GARCÍA, E.Y, GARCÍA-CARVAJAL, J.A., op.cit., pp. 38 y 39. los autores recogen información sobre la evolución en esta materia y el origen en EEUU de su consideración como beneficiosa médicamente. Expone sus beneficios y dificultades, CALLABED J., "Circuncisión no médica: ¿beneficio o tortura?", *Anales de Pediatría Continuada,* Vol. 8, 2. marzo–abril 2010.

228 DE LORA, P., "Cirugía y menores: el caso de la circuncisión masculina", *Estudios,* Asociación de juristas de la salud, *25,* núm. 2, julio-diciembre 2015, pp.67-79 y 74.

229 Sentencia de la Audiencia Provincial de Almería de 3 de noviembre de 2004, nº 598/2008.

el órgano de la reproducción en la medida de lo posible, limitar la lujuria y, por consiguiente, hacer que el hombre sea moderado. La motivación o fundamentación religiosa en el caso de los judíos está establecida de forma clara ya que en el Antiguo Testamento se establece que al octavo día del nacimiento todo niño sea circuncidado ritualmente y esto es un signo de pertenencia a la fe . En el caso de los musulmanes está con otro carácter ya que no aparece prescrita en el Corán, al igual que la ablación, pero sí en Haddí del Profeta como acto de purificación, por lo que lo encontramos en el sunismo, hanbalismo y la shafii y en los musulmanes chiítas como obligatoria, mientras que en otras escuelas es solo recomendable[230]. La práctica en ambos casos se lleva a cabo en edades tempranas, si bien en el caso de la circuncisión judía en bebés y en el caso de la musulmana siempre antes de la pubertad, presentando también en este aspecto un paralelismo con la femenina.

El carácter complejo de la circuncisión se refleja en la resolución 2076 de 30 de septiembre de 2015 del Consejo de Europa que la califica como práctica controvertida y es que en definitiva, *la realización de la circuncisión, no terapéutica, en menores y por motivos religiosos ha sido objeto de controversia jurídica en diferentes ámbitos en relación a su prohibició*n, si bien se concluye de modo sistemático en la falta de penalidad de su realización siempre que se lleve a cabo en las condiciones sanitarias adecuadas. En este sentido hay que considerar que desde el Consejo de Europa, en la Resolución 1952 de 1 de octubre de 2013 "Childrén`s right to physical integrity", se distingue la MGF de la circuncisión en relación a las recomendaciones sobre su regulación, de tal modo que para la primera se recomienda su

---

230 MOTILLA, A., "las circuncisiones rituales de menores ¿acto contra la integridad física? Perspectivas civil y penal, *Anuario de Derecho Eclesiástico del Estado*, vol. XXXIV, 2018, p. 175.

persecución y para la circuncisión que se realice en condiciones sanitarias adecuadas y establecidas.

Los derechos en juego en relación a la circuncisión serán los de la integridad física del menor y la libertad religiosa, en el marco de la patria potestad y sus facultades en el entendimiento del beneficio e interés del menor. Estos derechos en juego se presentan en conflicto en los casos que refleja la jurisprudencia a los que, sin carácter exhaustivo, pero si suficiente para la reflexión, nos vamos a referir.

En dicha jurisprudencia resulta de especial relevancia la sentencia del Tribunal Regional de Colonia de 2012 que concluyó con el resultado de la condena de los padres de un niño por un delito de lesiones al realizar una circuncisión a un menor, no terapéutica, por razones religiosas. La sentencia determinaba que no beneficia al menor, que no queda justificada por motivos religiosos ni tampoco por las facultades inherentes a la patria potestad. Los padres residentes en Alemania circuncidaron a su hijo menor de cuatro años, acudiendo para ello a un médico que realizó la intervención en un hospital, con anestesia local y puntos de sutura y con seguimiento del médico; pero que al presentar el niño sagrado posterior lo llevaron a otro hospital donde tanto el facultativo que atendió como la policía vieron irregularidades lo que dio lugar a un siguiente recorrido judicial en el que en primera instancia el médico fue absuelto en razón de que este entendía que actuaba bajo la iniciativa y consentimiento de los padres que a su vez entendían que lo hacían en el ejercicio de la patria potestad y del interés del menor, siendo que al pertenecer a la religión musulmana los padres evitarían con ello que en su entorno social-religioso se le estigmatizara si no tenía este signo de pertenencia, alegándose además los beneficios de la circuncisión para la salud. En el recurso a la Audiencia esta consideró que existía un delito de lesiones contra la integridad física del menor, que prevalecía la misma y el derecho al libre desarrollo de la personalidad sobre el ejercicio de la patria potestad en relación a los motivos religiosos. Además consideró la Audiencia que no era admisible el hecho de la estigmatización y exclusión del menor en su entorno. El médico sí fue absuelto por un error de prohibición invencible al actuar con diligencia debida y por ser también musulmán ya que actuó entendiendo que su conducta era legal. El interés del caso abarca distintos extremos, por un lado, la consideración de que pese a resultar realizado por un facultativo este tipo de intervenciones no están dentro de las potestades que comprenden a los padres y tutores y que no quedaría justificada por motivos religiosos, por otro lado, el hecho de las consecuencias que tenía la línea jurídica de la sentencia ya que esta suponía, evidentemente, muchas complicaciones de cara a las prácticas de la comunidad judía y la musulmana, pues lo establecido en la resolución implicaba que se restringían y que no se iban a poder realizar las circuncisiones, siendo visto por estas comunidades religiosas como un ataque. Como consecuencia de esto *el gobierno federal alemán reguló la práctica aprobando que esta se pudiese realizar en niños, en ciertas condiciones, por motivos religiosos que deben constar en la voluntad expresa de los padres. Se concretó esta medida en la modificación del Código Civil* con un párrafo en el artículo 1631, donde se permite como parte del ejercicio de la patria potestad la circuncisión no terapéutica no poniendo en peligro al niño y según el parte médico, pudiéndose llevar acabo también por personas formadas para ello previstas por una entidad religiosa dentro de los seis primeros meses de vida[231].

En el ámbito español si nos fijamos en los pronunciamientos judiciales en torno a la realización de circuncisiones, estos comprenden por un lado, supuestos relativos a la realización

---

231 Un estudio detallado de la sentencia en López -Sidro, A.," Circuncisión y libertad religiosa. Comentario a la Sentencia del Tribunal Regional de Colonia de 7 de mayo de 2012", *Revista General de Derecho Canónico y Derecho Eclesiástico del Estado,* 30, 2012.

en adultos por motivos médicos o incluso estéticos, sin relación con las prácticas o creencias religiosas, sino relativos a las secuelas físicas que se producen como consecuencia de la operación[232], y por otro lado también otros comprenden los supuestos, en los que si tienen relevancia las creencias religiosas y que tienen que ver con menores y el ejercicio de la patria potestad y la tutela de los padres, bien sea en supuestos de separación, bien sea en el ejercicio adecuado y correcto de la misma. A modo de ejemplo, en relación al ejercicio de la patria potestad, el caso de unos padres encausados por contratar a una mujer para que realizara a su hijo, de cuatro meses de edad, la circuncisión en el domicilio familiar y por la que el niño sufrió lesiones que precisaron asistencia e ingreso hospitalario con tratamiento médico, durante una semana, siendo por esta acción condenados en primera instancia, pero absueltos por la audiencia del delito de lesiones imprudentes[233]. En relación a discrepancias entre los progenitores encontramos el caso de un padre que de forma unilateral, sin autorización de la madre y por motivos religiosos y culturales llevó al hijo a

[232] AP de Madrid (Sección 13ª) Sentencia núm. 391/2017 de 16 octubre, donde se demanda a la clínica y la compañía de seguros por la circuncisión realizada y los resultados de la misma. En la sentencia se hace alusión a los motivos que según la juzgadora valora como elemento a considerar en relación a los resultados y que la juzgadora considera médicos y no los estéticos. AP de Madrid (Sección 20ª) Sentencia de 28 enero 2014 también como demanda a la clínica donde se realiza la intervención por motivos médicos. Audiencia Provincial de Barcelona, sentencia núm. 320/2020, del 15 de diciembre de 2020, sobre la base de imprudencia médica debido a los resultados de la intervención. Tribunal Superior de Justicia de Murcia, Sección Primera, Sentencia núm. 138/2017, en la que se reclama por responsabilidad patrimonial sanitaria debido a que quedó el afectado impotente. TOL6.446.614 y 4.120.431.

[233] AP de Madrid (Sección 16ª) Sentencia núm. 778/2018 de 16 noviembre. TOL7.001.048.

que fuera sometido a una circuncisión, sin que se apreciase que el supuesto pudiera encuadrarse en lo establecido en el art. 149 del Código penal, ya que se valora en los fundamentos que, de acuerdo con el ministerio fiscal y el informe forense la intervención es una circuncisión y no una mutilación genital y "forma parte del ritual infantil masculino de las culturas musulmana y judía...y correctamente realizada, no afecta a la funcionalidad sensorio-motriz en las relaciones sexuales ni micción". Por todo ello no se apreció contenido penal en la acción del padre recogiéndose además una desvinculación expresa de la circuncisión con la mutilación[234]. Sin embargo, en otros supuestos se ha prohibido realizar la circuncisión a un menor, por razones exclusivamente religiosas, como en casos de divorcio de los padres cuando no hay consenso sobre su práctica. Concretamente la referencia de un caso en el que mientras que la sentencia de divorcio desestimó la prohibición para que se realizase, si se establece esta prohibición por la Audiencia al padre para su realización por motivos religiosos, en aras al bonum filii, y sin perjuicio de que se pueda realizar en el caso de que fuera precisa y se acredite médicamente conveniente o necesaria la fimosis.

De lo examinado podemos extraer algunas consecuencias, así, cuando en este tipo de prácticas se elimina la consideración del elemento religioso, lo que supone que se excluye valorar el elemento volitivo que subyace en la voluntad de aquellos que realizan la práctica, se presenta una visión sesgada del problema al no valorar el acto en su conjunto. De ese modo no se incorpora la consideración de los padres en relación al elemento religioso, de ingreso en una comunidad, religiosa y también cultural, de ahí que sea algo más que una simple actuación quirúrgico médica y como tal hay que valorarla y

234 Audiencia Provincial de Castellón sentencia núm. 355/2006 del 21 de septiembre de 2006. TOL.6.161.171.

afrontarla. La realidad de esta presencia del elemento religioso y comunitario se pone de manifiesto como hemos visto en los resultados de las modificaciones legislativas que se adoptaron a raíz de la sentencia de Colonia en la que no se consideró la importancia de las creencias religiosas como parte de los derechos en juego y tuvieron que corregirse las consecuencias por la nueva normativa.

4. CONSIDERACIONES EN TORNO A LA MOTIVACIÓN RELIGIOSA

La circuncisión masculina y la femenina, en sus diversas modalidades presentan aspectos coincidentes, divergentes y paralelismos. Así entre los coincidentes se observan la cuestión de algunos de los derechos en juego y si tienen fundamento religioso o no. Respecto a la fundamentación religiosa que tienen afirmar que no puede limitarse a un análisis superficial sobre si aparece o no en el texto sagrado o si su origen es o no anterior, ya que lo importante en relación a la libertad religiosa es si conforme con determinadas creencias religiosas forma parte de los preceptos, mandatos y prácticas que en la misma se ordenan y organizan, sin juzgar su origen, sino entendiendo si por parte de las autoridades de dicha confesión y por tanto de los creyentes se considera como parte de sus creencias y prácticas religiosas. Si es así, este es el dato a tener en cuenta. Se observa pues, tanto en el caso de la ablación en sus diversos tipos como en la circuncisión masculina, como, aunque se justifica su razón de ser no religiosa o pre-religiosa, finalmente se manejan conceptos jurídicos relativos a la libertad religiosa y se alude de modo constante a los líderes religiosos en las vías de solución de eliminación de dichas prácticas.

La polémica en relación a la circuncisión masculina entra de lleno en la consideración jurídica de la ablación y permite explicar y analizar los elementos en juego desde el punto de vista del derecho. En primer lugar, la cuestión de la denominación y el uso del lenguaje que señala como la perspectiva es distinta en el caso de la intervención sobre la mujer o sobre el hombre ya que para el caso femenino se utiliza el término de ablación y mutilación y ello para reflejar de modo directo con la terminología que se utiliza la valoración previa que se establece para este tipo de prácticas. En segundo lugar, en relación al hecho de si se trata de intervenciones justificadas médicamente, de tal modo que se enfrentan los supuestos beneficios de la circuncisión masculina a los daños que produce la MGF. La consideración jurídica en este sentido se ha resuelto centrando la atención en su realización por profesionales sanitarios para la circuncisión o personal práctico en la materia en algunos contextos. En el mismo campo se hace referencia al carácter irreversible de las prácticas de los resultados si bien hay que puntualizar que, en determinados casos, para la mujer si es posible la reconstrucción del clítoris, intervención que se está realizando en Francia e Inglaterra, cubriéndose en este último caso el coste de la reconstrucción, posibilidad que sin embargo en relación a su penalización carece de relevancia[235].

Otro punto de paralelismo es el hecho de la motivación cultural o religiosa. En el supuesto de la circuncisión se admite la misma como fundamento, no sólo en el caso de los judíos sino también en el de los musulmanes. En referencia a la mujer, sin embargo, se trata de ignorar la presencia de la motivación religiosa y se circunscribe, al campo puramente cultural, entendiéndolo desligado del religioso y quedando opacado o justificado por razonamientos hetero patriarcales en cuanto a la interpretación religiosa. Se descarta por lo tanto

---

235 Bénédicte Lucas, "Prevención de la ablación o mutilación genital femenina en España: planes de acción y medidas de protección de menores, complementos necesarios a la prohibición legal", *Cuadernos electrónicos de filosofía del derecho,* 17, 2008, p. 11.

la relevancia de la motivación religiosa hecho ante el que hay que preguntarse a quién le corresponde la interpretación de los mandatos y contenidos religiosos, si a las confesiones y a sus líderes religiosos o a los agentes externos a los mismos, jurídicos, doctrinales o públicos.

Un enfoque integral en el tratamiento de la MFG sería la vía más eficaz de acuerdo con la complejidad de los factores en juego tal y como se ha puesto de manifiesto, siendo que para ello es necesario tener un conocimiento y comprensión de la realización de la práctica y contextualizarla. Esta vía debe tener en cuenta al grupo o comunidad de referencia, de modo especial a los hombres, puesto que juegan un papel fundamental en la realización de estas prácticas, y añadimos que también *será necesario considerar el papel de los líderes religiosos con especial influencia en la comunidad y su papel en la consideración de la mujer*[236]. *No nos constan en este sentido la previsión de actuaciones con los líderes religiosos, ni iniciativas en las que líderes religiosos de modo conjunto realicen manifestaciones contra esta práctica en colaboración con las autoridades sanitarias, policiales y jurídicas, lo que sería conveniente.* Quizás ello sea consecuencia, precisamente, de que no se considera el elemento religioso, relevante y queda oculto en el aspecto cultural que implica. Esto no solo colaboraría con las otras actuaciones para evitar estas prácticas si no que se trabajaría en la línea del convencimiento por parte de los sujetos implicados, lo que a la postre no es sino la más eficaz en la erradicación. Si la prevención está dirigida a informar y sensibilizar para que las familias cambien de actitud, su afrontamiento integral deberá implicar el aspecto religioso/cultural/social, como los protocolos de actuación sanitaria.

---

[236] BÉNÉDICTE LUCAS, op.cit.,p.8.

Capítulo V

Conclusiones y propuestas

Las perspectivas que presenta la relación entre mujer, género y libertad religiosa están marcadas, inevitablemente, por la complejidad de la materia, que incluye los aspectos jurídicos, tal y como se ha mostrado en las páginas precedentes mediante el tratamiento de asuntos concretos de esta relación. Partiendo de este hecho, desde el planteamiento positivo, radical y constructivo con el que arrancaba este estudio y en base a la materia analizada, se exponen algunas conclusiones y propuestas que, de modo coherente, desde el derecho, pero a la vez con una visión interdisciplinar, intentan aportar mecanismos para el tratamiento de cuestiones concretas que afectan a la mujer y el ejercicio de su libertad religiosa.

Comenzamos con una afirmación que podemos realizar, sin miedo a equivocarnos y que es que el lenguaje es reflejo de la riqueza social y de la libertad de pensamiento y también por ello de la libertad religiosa y de los derechos de los individuos siendo que los grupos se ven afectados por los lenguajes impuestos coactivamente desde instancias públicas que invaden espacios de libertad de la sociedad, afectando esto directamente a la cuestión del lenguaje en materia de mujer y género. Para comprender la necesidad de la libertad en el lenguaje de dicha materia realizamos dos distinciones, la del lenguaje social y el jurídico y la del espacio privado/social y el público. En el caso de la primera, esto es la distinción entre el lenguaje social y el jurídico hay que precisar que este debe ser fiel, cuando proceda, a la realidad objetiva y tender a la precisión de modo que se huya, dentro de lo posible, de subjetividades y por lo tanto de arbitrariedades. Por su parte el lenguaje social está lleno de matices que corresponden a los diversos contextos y que es especialmente importante en el ámbito de las creencias religiosas. Este aspecto de la relevancia y particularidad del lenguaje en los contextos religiosos no puede ignorarse, desde el derecho en el ámbito de la libertad de expresión religiosa, pues afecta directamente a la misma. *Una cosa es por tanto el lenguaje legislativo, normativo y judicial y otra es la valoración que desde instancias jurídicas se realiza de lo expresado en una sociedad libre que reconoce la libertad de expresión. La necesidad de considerar la riqueza y diversidad del lenguaje, que corresponde en definitiva a la libertad/diversidad de pensamiento y de los contextos en los que se concreta, es precisamente lo que muestra la jurisprudencia sobre mujer y libertad religiosa que hemos expuesto, siendo fundamental la consideración de la especificidad del lenguaje religioso para no caer en arbitrariedad en la interpretación y que se realice una eficaz valoración del ejercicio de la libertad religiosa y sus límites. Esta consideración enriquece además la imagen de la mujer cuando permite que se expresen de este modo las distintas dimensiones de esta como persona y la diversidad de opciones existenciales de que dispone.*

Conviene alertar de que la tentación de ir disolviendo la diferencia entre las esferas de lo público y lo privado, incluyendo en ello lo social, es una inclinación totalitaria y que lleva a ir anulando al individuo, lo invisibiliza y hace que no se pueda desarrollar como sujeto de pleno derecho[237], idea

---

[237] Estos "tics" totalitarios en los que lo público, público institucional tiende a controlar y a que no haya diferencia con el espacio privado, siendo necesario aclarar que el privado incluye lo social ya que este no es público, afecta de modo especial a las creencias religiosas con su expulsión del espacio público, entendido como social. De modo especial esta expulsión se denota en la invisibilización de la mujer como sujeto titular del derecho de libertad religiosa, se la anula, se la invisibiliza. Hacemos equivalencia con algunos de los razonamientos sobre Hanna Arendt en los que se hacen una traslación de sus ideas en LOSADA SANZ, M., "Hannah Arendt: acechando

esta, plenamente aplicable a la mujer y al ejercicio de su libertad religiosa; siendo que, por todo ello, *desde el derecho se debe contribuir a la distinción entre el espacio privado y el público pues es marco imprescindible para la libertad religiosa.*

En el ámbito de la libertad de expresión sobre las manifestaciones desde lo religioso o confesional, a través de los casos que han llegado a los tribunales, se constata que hay un reconocimiento, reiterado, por la jurisprudencia en el sentido de que estas manifestaciones se producen dentro de los límites del derecho de libertad religiosa y de expresión religiosa, y, por lo tanto, existe, en este sentido, una garantía efectiva del derecho en este ámbito. Pero junto a este aspecto positivo en la valoración jurídica, hay que hacer notar que no ocurre lo mismo desde otras instancias. Así se hace patente una falta de sensibilidad y de entendimiento, por parte de determinados sectores, a la diversidad de ideas cuando estas parten de contextos religiosos y que esta inadecuada valoración resulta especialmente significativa cuando se produce desde instancias o por autoridades públicas, dado que las mismas están obligadas a tener en cuenta las creencias existentes en la sociedad española y vinculadas por la neutralidad y la cooperación en la idea de laicidad positiva; no correspondiéndose esto con el mandato constitucional para los poderes públicos contenido en el artículo 16 como instrumento de un desarrollo óptimo de la libertad religiosa y de la paz social y, consiguientemente, de los ámbitos de autonomía de la mujer en materia religiosa; de modo que no solo no actúan conforme a ella sino que además *contribuyen a una estigmatización de lo religioso con carácter general y en relación a las distintas creencias religiosas con carácter específico que afecta de modo especial a la mujer.* Con ello lo que resulta es que,

---

perplejidades en la fragilidad de lo humano, Hannah Arendt", en monográfico sobre Filosofía, mujeres y naturaleza, *Homenaje a Celia Amorós* , *Alfa* , 35, 2019. pp. 366, 369, 372 y 373.

de un modo más intenso, se produce un efecto que podríamos calificar como disuasorio o de autocensura en el ejercicio de la libertad de expresión desde lo confesional o religioso. *La denuncia penal o tendencia a "criminalizar" las posturas y manifestaciones religiosas en esta materia es una constante que se observa en muchos de los supuestos que hemos analizado, si bien el resultado final es positivo en lo estrictamente jurisdiccional dada la aplicación del principio de intervención mínima penal y del respeto al derecho de libertad religiosa y autonomía de las confesiones, sin embargo no se refleja en el respeto de la obligada neutralidad de las instituciones públicas que no carece de importancia jurídica ya que es el mecanismo de garantía de la libertad religiosa y las diversas opciones vitales precisamente frente a los poderes públicos*[238]. Como propuesta frente a estas actitudes la implementación de formaciones, reuniones y encuentros con responsables religiosos, grupos y entidades, de los responsables de instituciones públicas y autoridades administrativas en materia de mujer, género y libertad religiosa, específicamente de los organismos y entidades responsables de las políticas de género, de tal modo que se provoque un cambio de perspectiva acorde con el mandato constitucional y que enriquecería a ambas esferas redundando en beneficio de las mujeres.

La clave del entendimiento de los problemas y conflictos que algunas de las declaraciones, documentos y discursos desde lo religioso ocasionan en materia de mujer y género y de necesaria diferenciación de esferas y espacios, está en los diversos modelos antropológicos que comprenden las propuestas de las creencias religiosas ya que, en ocasiones, las mismas

---

238 Reflexiones en este sentido las hemos visto de manera concreta en relación al caso de sentencia del Imán de Fuengirola. En esta línea JERICÓ OJER , L., "El caso del Imán de Fuengirola: ¿autentica comisión del delito de provocación a la violencia (510.1 cp)?", *Revista Penal*, 18, 2006, p.171. En el caso argumenta que no existiría ni provocación , ni incitación a la violencia.

manifiestan una concepción diversa a otras presentes o dominantes socialmente e institucionalmente[239]. Los modelos

---

[239] Algunos ejemplos donde se crítica la ideología de género y en los que puede observarse la antropología subyacente son el documento "La Ley de Dios es siempre un camino de vida" en el que se crítica a la ideología de género por no ser compatibles con la antropología cristiana a la vez que se refleja una unidad en el amor de hombre y mujer.
https://www.archidiocesisgranada.es/index.php/noticias/la-ley-de-dios-es-siempre-un-camino-de-vida. Consultado el 03/02/24.
"A veces, nos cegamos tanto. Yo pienso ahora mismo en todas las implicaciones de la ideología de género, que, además, trata de imponerse como ley en la educación de los niños. Hay una patología detrás de eso. Hay una cortedad y una torpeza de la inteligencia. Somos iguales en dignidad, ¿cómo no lo vamos a ser? Pero no somos intercambiables más que para los intereses del mercado, y del Ministerio de Hacienda. Pero nada más. En la vida, en la vida real, somos iguales en dignidad, hermanos y compañeros, y tenemos el mismo destino: participar de la vida nueva en Cristo. Pero, en todo lo demás no reaccionamos igual, no pensamos de la misma manera. Pero hasta eso, perdemos el contacto con lo natural y una ideología puede enseñarnos las cosas más inverosímiles. Y por lo tanto, necesitamos de la gracia de Cristo también a veces para descubrir que la naturaleza, por ejemplo (por poner otro ejemplo que no tenga que ver con la ideología de género), que la naturaleza no es simplemente una cantera para explotar, que cuando la tratamos como una cantera para explotar terminamos destruyendo la naturaleza y destruyéndonos a nosotros mismos.(...) como decía San Pablo en un pasaje: "Ya no hay griego ni bárbaro (han caído todas las divisiones creadas por los hombres), ya no hay (como si fueran dos categorías de hombres diferentes) judío ni gentil, ya no hay esclavo ni libre, ya no hay hombre ni mujer (como dos categorías de seres humanos: los hombres los que deciden, las mujeres en segundo plano), sino que todos sois uno en Cristo Jesús". Necesitamos el espíritu de Dios para vivir esa relación nueva, donde es posible una amistad verdadera; donde es posible con la gracia de Dios una relación y una amistad pura entre hombres y mujeres, y una colaboración buena para el fin del mundo, para el bien de los hombres; donde es posible el

amor entre el hombre y la mujer, no como una pasión de luchas de poder, o de usar al otro para satisfacer necesidades mías afectivas, sexuales, del tipo que sean, sino deseando que el otro, que es diferente, que la otra, que es diferente, pueda cumplir su vocación, su participación plena en la vida de Dios.".

También en las reflexiones pastorales sobre la Ley de identidad y Expresión de género e Igualdad Social y no Discriminación, de la Comunidad de Madrid. De 2016: https://www.diocesisgetafe.es/index.php/43-diocesis/2657-reflexiones-pastorales-sobre-la-ley-de-identidad-y-expresion-de-genero-e-igualdad-social-y-no-discriminacion-de-la-comunidad-autonoma-de-madrid. "Si consideramos injusta la ley que comentamos a continuación es precisamente porque niega lo que la recta razón conoce sobre el ser humano y olvida que «el hombre no es solamente una libertad que él se crea por sí solo. El hombre no se crea a sí mismo. Es espíritu y voluntad, pero también naturaleza» (Benedicto XVI, Discurso al Deutscher Bundestag, Berlín, 22 septiembre 2011). Difícilmente se podrá defender el derecho de personas que se consideran discriminadas cuando esa defensa se funda en una comprensión equivocada del ser humano. 1. La identidad de género. En el Artículo 4 de la mencionada ley, titulado Reconocimiento del derecho a la identidad de género libremente manifestada, leemos lo siguiente: «Toda persona tiene derecho a construir para sí una autodefinición con respecto a su cuerpo, sexo, género y su orientación sexual. La orientación, sexualidad e identidad de género que cada persona defina para sí es esencial para su personalidad y constituye uno de los aspectos fundamentales de su dignidad y libertad". Este "supuesto derecho" es una expresión ideológica del legislador que choca frontalmente con la antropología cristiana que ha dado sustento y soporte a lo que se ha venido en llamar civilización cristiana u occidental. Como bien nos recordaba Benedicto XVI en su Carta Encíclica Charitas in veritate, «hoy es preciso afirmar que la cuestión social se ha convertido radicalmente en una cuestión antropológica» (n. 75). Según la antropología cristiana, la persona es creada en la unidad cuerpo-espíritu. El cuerpo no es un simple dato que pueda "ser construido", no es una prótesis del yo, sino que es la visibilización de la persona. (...) un monismo de carácter materialista que no hace justicia a la especificidad del ser humano. 2. La diferencia sexual.

Por otra parte, la diferencia sexual varón-mujer es otro principio de la antropología adecuada que, derivando de la teología de la creación, está profundamente enraizado también en la experiencia humana. El varón y la mujer son iguales en su dignidad de personas. Por eso, la diferencia sexual no se puede traducir como desigualdad. Todo lo contrario. La diferencia sexual es riqueza de humanidad y responde a la vocación al amor, a la reciprocidad mutua. La diferencia sexual es llamada a la unión amorosa, a la complementariedad y a la procreación como fruto de la colaboración con Dios en el acto conyugal propio del matrimonio. En este mismo sentido, el Papa Francisco, refiriéndose a la auténtica ecología integral, dice: «La aceptación del propio cuerpo como don de Dios es necesaria para acoger y aceptar el mundo entero como regalo del Padre y casa común, mientras una lógica de dominio sobre el propio cuerpo se transforma en una lógica a veces sutil de dominio sobre la creación. Aprender a recibir el propio cuerpo, a cuidarlo y a respetar sus significados, es esencial para una verdadera ecología humana.(...)El concepto de libertad presente en esta ley aboca a un pensamiento totalitario: la absolutización de la voluntad que pretende ser la única creadora de la propia persona y la absolutización de la técnica transformada también en un poder prometeico e ideológico (...). En la base de esta ideología está la diferencia pretendida entre sexo y género, de tal manera que el primero es considerado pura biología y el otro, un "constructo cultural y social". Inspirada en la filosofía constructivista, la ideología de género pretende la "deconstrucción" del género asignado por la cultura y la sociedad. El resto, la biología del cuerpo humano, es confiada a la libertad individual creadora y a la técnica. Por eso, la ley habla del «derecho a construir para sí una autodefinición con respecto a su cuerpo, sexo, género y su orientación sexual» (Art. 4)".
El último de los documentos en la materia es la Declaración del Dicasterio para la doctrina de la fe "Dignitas infinita sobre la dignidad humana" 08/04/2024 que específicamente se ocupa de "Algunas violaciones graves de la dignidad humana", donde trata entre otros de la teoría de género (n.55-59), cambio de sexo (n.60) y sobre la mujer, las violencias contra las mujeres, el aborto y la maternidad subrogada(n.44-50) https://press.vatican.va/content/salastampa/es/bollettino/pubblico/2024/04/08/080424c.html. Consultado el 15/06/24.

antropológicos en estas propuestas son indisolubles de las mismas y su importancia se pone de manifiesto, incluso de forma conjunta, por las confesiones religiosas como en el caso de la Declaración interreligiosa sobre la dignidad de la vida humana el 15 de febrero de 2023. No cabe duda de que el respeto a la libertad religiosa comprende también el respeto a las posturas antropológicas subyacentes a las mismas, sin excluir, por descontado, la crítica en el ejercicio de la libertad de expresión[240].

Otro de los elementos que hemos constatado respecto a la mujer y la libertad religiosa es que *en las manifestaciones en el ejercicio de la libertad de expresión que se realizan sobre lo religioso hay una sexualización de la mujer*, especialmente concretada en las figuras religiosas femeninas con una reducción de la mujer a un objeto sexual, como muestra que se la represente por sus órganos sexuales o el pecho. Debido a esto en las manifestaciones críticas sobre lo religioso en materia de mujer y género hemos puesto de relieve que la reducción de la mujer, a lo sexual o la sobredimensión de este aspecto como el principal que opaca a todos los demás ha sido denunciado desde posturas feministas en otros ámbitos[241]. Esta reducción se observa en determinadas

---

240 Firmada por representantes de las principales confesiones religiosas: Comisión Islámica de España, Federación de Entidades Religiosas Evangélicas de España (FEREDE), Iglesia Ortodoxa del Patriarcado Ecuménico, Iglesia Ortodoxa del Patriarcado de Rumanía, Iglesia Ortodoxa del Patriarcado de Moscú, Iglesia Española Reformada Episcopal (IERE) e Iglesia Católica: https://www.conferenciaepiscopal.es/declaracion-interreligiosa-sobre-la-dignidad-de-la-vida-humana-febrero-2023/. Consultado el 21/02/24.

241 "A pesar de que hoy día trabajamos, votamos, tenemos más capacidad de elección y autonomía, seguimos teniendo mucho que conquistar, y uno de esos asuntos es el reduccionismo de la carne. Este reduccionismo alude a "(...) a la objetualización erótica de la mujer como reclamo publicitario" DE LA PUENTE-HERRERA MACÍAS, M.I., "Y la mujer se hizo carne", en monográfico sobre *Filosofía, mujeres y naturaleza, Homenaje a Celia Amorós, Alfa*, 35, 2019, pp. 662-663. Aun-

manifestaciones relativas a las creencias religiosas *cayendo, por tanto, en una visión limitada, reduccionista sobre la mujer al considerar solo algunas de sus dimensiones como persona.* La situación, tantas veces criticada desde instancias feministas, se reproduce de modo paradójico, entre otros, por grupos que lo argumentan y lo denuncian en ámbitos distintos, cuando realizan manifestaciones que reivindican derechos o que aluden a las creencias religiosas y sus dogmas. En este sentido *la invisibilización de la mujer como sujeto de libertad religiosa, sepultando su dimensión espiritual o religiosa bajo la sexual, la estigmatiza* y es manifestación de una deriva totalitaria[242]. Cabe plantear, desde una perspectiva de género que aboga por la igualdad y no discriminación de la mujer, *la valoración social e institucional de una imagen de la mujer no exclusivamente sexualizada, sino que considere todas sus dimensiones como persona* como criterio que resuelve la tensión que presentan los argumentos aportados por la jurisprudencia

---

que la autora desarrolla el argumento por otros derroteros relativos a la belleza y al cuidado del cuerpo, la afirmación es válida para la reducción a la carne de la mujer, aunque esa reducción se haga desde reivindicaciones y colectivos que se identifican como feministas o progresistas.

242 Tomando el pensamiento de Arendt respecto a la invisibilización de la mujer podemos argumentar la invisibilización de la mujer como sujeto religioso o titular de la libertad religiosa. LOSADA SANZ, M, op.cit., pp.366, 372-73. "En *Los orígenes del totalitarismo,* obra monumental de Hannah Arendt, no son pocas las páginas en las que podemos hacer una comparativa con nuestra experiencia como mujeres. Hannah Arendt al haber pensado y teorizado sobre los totalitarismos, esa relación radical de poder, en la que el objetivo es anular por completo a la víctima, convertirla en algo superfluo (innecesario, insignificante) nos recuerda mucho a las situaciones de opresión de las mujeres, cuando se las invisibiliza como sujetos políticos, como personas; intentando así anular todas aquellas posibilidades que hacen posible su crecimiento y desarrollo como ciudadanas de pleno derecho".

de, por un lado la contribución al debate público y por otro la responsabilidad en el ejercicio de la libertad de expresión.

Desde una perspectiva de género, *la criminalización de las manifestaciones que se realizan desde ámbitos religiosos de la concreción de su visión antropológica en relación a la mujer y la estigmatización de figuras femeninas religiosas mediante una imagen sexualizada, no parece contribuir a disminuir el sexismo y progresar en la igualdad y la libertad de la mujer,* en definitiva, *la reducción a aspectos sexualizados de la dimensión religiosa de lo femenino no contribuye al camino de la igualdad.* La propuesta desde una perspectiva de género pasa por el camino de la apertura de *campos de colaboración que destaquen y fomenten los valores positivos y la imagen de autonomía de la mujer sin reducirla a la sexualización, mediante mecanismos de colaboración tanto institucional como de grupos sociales que construyan una visión en la que se otorgue valor y no se estigmatice a las opciones religiosas de las mujeres y a las visiones antropológicas religiosas, constituyendo un mecanismo necesario y fundamental para lograr este fin la participación de los líderes religiosos, entendiendo estas figuras en el sentido amplio que hoy ofrece la realidad social y comunicativa.* Para ello se pueden arbitrar acuerdos y convenios de colaboración con las iglesias y confesiones religiosas de modo que además se visibilice una imagen positiva de las mismas a la ciudadanía en cuanto agentes necesarios para el ejercicio de la libertad religiosa y en relación a cuestiones de género, dando con ello cumplimiento al mandato del artículo 16.3 del texto constitucional en una materia sensible como es la tratada.

Esta propuesta se plantea desde el pluralismo como valor superior de nuestro ordenamiento jurídico ligado indisolublemente a la libertad religiosa y que afecta por tanto a la valoración que desde el derecho y desde instancias públicas e institucionales se realiza de las cuestiones de género en el ámbito de las creencias religiosas y con ello a la *libertad de opción entre diversos modelos de vida por la mujer, en el ejercicio de la autonomía de la voluntad, sin tutelas paternalistas que en realidad se corresponden con conceptos patriarcales, también cuando se ejercen desde instancias públicas.* Propuestas como las que se realizan desde el ecofeminismo ponen de manifiesto la diversidad y riqueza de posibilidades con planteamientos y afirmaciones que cuando se realizan desde instancias religiosas son objeto de estigmatización por el hecho de su fundamento; es por ello que entre la riqueza de opciones deben tener cabida las religiosas[243]. El pluralismo resulta aplicable a la riqueza de propuestas que se ofertan desde las creencias religiosas y a los modelos antropológicos que subyacen en las mismas *sin que por el hecho de provenir de contextos religiosos deban ser objeto de estigmatización, sino todo lo contrario al situarse en el ámbito del ejercicio del derecho de libertad religiosa.*

Sobre las prendas que tapan el cuerpo de la mujer se constata la extensión de las prohibiciones únicamente de aquellas que de modo extremo la invisibilizan, siendo un camino que *interpreta que hay una prioridad de los elementos que configuran la convivencia común y los valores de las democracias y operando, en relación a esta convivencia, conceptos sobre la igualdad de la mujer* que han traducido de este modo la tensión entre libertad religiosa, autonomía de la mujer e igualdad y no discriminación de la mujer.

---

243 Así desde el mismo se relaciona la desaparición de culturas con la perdida de diversidad y se reclama una filosofía en femenino cuyos pilares fundamentales sean el cuidado y el reconocimiento del otro, valorando las actividades de cuidados ligadas a lo ecofemenino e integrándolo en una visión de la naturaleza "Cuidar la vida significa cuidar de los otros; el destino de la naturaleza depende de la acción humana. Desde el movimiento ecofeminista se valoran las actividades de cuidado, ligadas desde hace mucho tiempo a la mujer. A la ama de casa que cuida el hogar, a las hijas y hermanas que se ocupaban de mantener en orden lo necesario para que padres y hermanos desempeñaran sus tareas sin el estorbo de tener que dedicar las horas a actividades no remuneradas". TARDÓN VIGIL, M., "Ecofeminismo. Una reivindicación de la mujer y la naturaleza. Ecofeminism. A demand of women and nature", *El Futuro del Pasado,* 2, 2011, pp. 540-1.

En relación a las prácticas religioso/culturales se ha mostrado en el análisis como existe una tendencia constante a desvincular la materia de las motivaciones religiosas, por lo tanto, a ignorar parte de su fundamento y de las causas que llevan a que existan y permanezcan en su práctica por las mujeres. *Los datos aportados constatan la presencia de la razón religiosa y del hecho religioso en las mismas. Ocultarlo, ignorarlo en el análisis de la materia no permite afrontar el tratamiento adecuado, bien sea para determinar sus límites o bien sea para establecer vías y mecanismos que lleven a su desaparición,* de tal modo que, cuando se trata de prácticas perjudiciales, no lleve esta ignorancia/descarte de uno de los elementos en juego, el religioso o religioso/cultural, a no buscar soluciones en las que sea posible arbitrar mecanismos que ayuden a las mujeres implicadas, y que no se produzca una ruptura con su elección religiosa o con sus comunidades de referencia. Sobre la mutilación genital femenina se han expuesto las acciones en relación a su condena y erradicación y se aporta que la importancia del elemento religioso y cultural queda patente, de tal modo que *para su erradicación efectiva se requiere de su estudio y del diálogo interdisciplinario* con representantes de los ámbitos implicados, que por tanto incluirán a los representantes religiosos para hacerlos partícipes del proceso de erradicación, de acción y sensibilización social. Hay que considerar que las creencias religiosas y el hecho religioso gozan de una riqueza y complejidad que se refleja en el mismo hecho de su imposibilidad de definición de modo unívoco y que esta complejidad y riqueza, tiene incidencia en los casos analizados, por lo que se requiere un esfuerzo mayor en su estudio y comprensión lo que no se compadece con la unificación indiscriminada de creencias religiosas, como sucede de modo reiterado, ni tampoco se compadece con la exclusión del elemento religioso, precisamente por la influencia e importancia del factor religioso en estas prácticas. La propuesta pasa, por lo tanto, porque se incorpore una visión que incluya el tratamiento que no ignore el factor religioso, que cuente para ello con las iglesias y confesiones, con sus organizaciones y con los ministros y líderes religiosos y que tenga en consideración la especificidad y diversidad existente dentro de las comunidades religiosas.

El desarrollo de políticas y acciones de igualdad y género requiere la colaboración con los responsables religiosos y con los grupos religiosos, así como una legislación respetuosa con las diferentes opciones religiosas y los diferentes modelos de igualdad de género. Para ello se propone una perspectiva de género que valore la diferencia en la igualdad, puesto que esta, de cara a la libertad religiosa y su ejercicio supone que, dentro de la asunción de situaciones de desigualdad derivadas de los roles sociales vividos o transmitidos culturalmente, es posible la promoción de la igualdad en la diferencia sin perder la identidad. Esta propuesta conlleva tomar como eje los derechos humanos, esto es el derecho de libertad religiosa y no otros desarrollos que los den por superados ya que esto supondría un peligro que puede llevar a que en realidad se retroceda en las libertades conquistadas y que finalmente no se proteja a la mujer en su libertad desde el derecho frente a imposiciones estatales y de grupos o ideologías imperantes.

Bibliografía

Abad Zardoya, C., "El sistema de la moda. De sus orígenes a la postmodernidad", *Emblemata,* 17 , 2011, pp. 37-59.

Aláez Corrral, B., "Reflexiones jurídico-constitucionales sobre la prohibición del velo islámico integral en Europa", *UNED, Teoría y Realidad Constitucional,* 28, 2011.

Aldeeb Abu-Sahlieh, S., *Circoncision masculine, circoncision féminine. Débat religieux, médical, social et juridique,* Editions L'Harmattan, 2001.

Alenda Salinas, M., Pineda Marcos, M., "La manifestación de religiosidad como motivo de conflictividad. Una breve incursión por el panorama judicial español y europeo a propósito de la simbología", *Cuadernos de Integración Europea,* 7, 2006, pp. 85-107.

Álvarez Degregori, C., "Mutilaciones en la infancia. De los discursos dominantes a las prácticas condenadas", Conferencia, Universidad Pública de Navarra, 17 de octubre, 2006 en las *sextas jornadas África Imprescindible*–Afrika Behar Beharrezkoa.

Areces Piñol, Mª T., "Limites a la expresión individual de la libertad religiosa: "El Burka" Incompatible con la igualdad de sexos", *Revista General de Derecho Canónico y Derecho Eclesiástico del Estado,* 18, 2008.

"La prohibición del velo integral, Burka y Niquab", *Revista General de Derecho Canónico y Derecho Eclesiástico del Estado,* 24, 2010.

Arias Maldonado, M., "La religión dentro de los límites de la mera emoción", blog: *Torre de Marfil, RDL, Revista de libros*, Segunda Época, diciembre 2017.

Astola Madariaga, J., "El género en el lenguaje juridico: utilización formal y material", *Feminismo/s,* 2008, pp. 33-54.

Atienza Macías, E., "Respuestas jurídicas a conceptos controvertidos: Transexualidad, cambio de sexo e intersexualidad, ablación y circuncisión", *Actualidad Jurídica Iberoamericana,* 12, febrero 2020, pp. 512-535.

Bénédicte, Lucas, "Prevención de la ablación o mutilación genital femenina en España: planes de acción y medidas de protección de menores, complementos necesarios a la prohibición legal", *Cuadernos electrónicos de filosofía del derecho,* 17,2008.

CALLABED, J., Circuncisión no médica: ¿beneficio o tortura?, *Anales de Pediatría Continuada,* v. 8, 2,marzo–abril 2010, pp. 108-111.

CAÑAMARES ARRIBAS, S., *Libertad religiosa, simbología, y laicidad del Estado,* Ed. Aranzadi, Pamplona, 2005.

COFRÉ LAGOS, J. O., "Los Términos "Dignidad" y "Persona". Su Uso Moral y Jurídico", *Enfoque Filosófico. Rev. Derecho,* Valdivia, 2004, vol.17, pp. 9-40.

CONTRERAS MAZARÍO, J., *Derecho y factor religioso,* Tirant lo Blanch, Valencia 2015.

"Libertad de expresión, libertad de conciencia y medios de comunicación: un análisis jurisprudencial", en Ballesteros Sastre, B. y Sánchez Gómez, R., *Proceso penal, presunción de inocencia y medios de comunicación,* Aranzadi, 2018.

DE LA PUENTE-HERRERA MACÍAS, M.I., "Y la mujer se hizo carne", en monográfico sobre *Filosofía, mujeres y naturaleza, Homenaje a Celia Amorós, Alfa,* 35, 2019, pp. 661-672.

DE LORA, P., "Cirugía y menores: el caso de la circuncisión Masculina", *Juristas de la Salud, Estudios,* 25, 2, *julio-diciembre* 2015, pp. 67-79.

ESPINOSA, A., "El lenguaje como campo de batalla. Comentarios Editoriales sobre el texto", en *Subordinaciones invertidas. Sobre el derecho a la identidad de género,* SALDIVIA MENAJOVSKY, L., ediciones UNGS, Ciudad de México, 2017, pp.9 -12.

FAGGIANI, V., "La Constitución Suiza velada: La prohibición del burka en el contexto de las tendencias regresivas de la democracia en Europa", *Anuario de Derecho Eclesiástico del Estado,* XXXVIII, 2022, pp. 537- 585.

FERREIRO GALGUERA, J., "La libertad religiosa y la provocación a la violencia de género: el caso del imam de Fuengirola", *Anuario da facultade de dereito da universidade da Coruña,* 2004, pp. 999-1020.

GUTIÉRREZ DEL MORAL, M.J., "Libertad religiosa e igualdad de género en la Jurisprudencia del Tribunal Europeo de Derechos Humanos, *Revista Catalana de Dret Public,* pp. 205-222.

GÓMEZ-LIMÓN AMADOR, M. T./GONZÁLEZ GONZÁLEZ, I., *Las tradiciones que no aman a las mujeres,* Akal, Madrid, 2011.

GONZALEZ, G., "Motivation insuffisante pour la condamnation pénale d´une Femen auteur d´une performarce pro-avortement dans une église en France: la surprotection de la liberté d´expresión selon la Cour européenne des droits de l´homme? (TEDH, 13 de octubre de 2022, Bouton c. France)" , *Revista General de Derecho Canónico y Derecho Eclesiástico del Estado,* 60, octubre 2022.

ALCÓN BELCHI, C., JIMÉNEZ RUIZ, I., PASTOR BRAVO M. M., Y ALMANSA MARTÍNEZ, P., "Algoritmo de actuación en la prevención de la mutilación genital femenina. Estudio de casos desde atención primaria", *Atención primaria,* v.48, 3, marzo, 2016, pp. 200-205.

HUNTINGTON, S.P., "The clash of civilización?", *Foreing Affairs,* 72, 1993.

INFORME DEL CONSEJO DE ESTADO FRANCÉS relativo a las posibilidades jurídicas de prohibición del uso del velo integral, Guillén López E., (trad.), *Videtur Quod: anuario del pensamiento crítico,*1, 2009, pp. 78-118.

IZQUIERDO COLLADO, J.D. Y TORRES KUMBRIÁN, R.D., "Tradiciones nocivas basadas en interpretaciones desviadas del islam como formas de violencia de género", *XI Congreso español de sociología, Crisis y cambio propuestas desde la sociología,* del 10 al 12 de julio, UCM, Madrid, 2013.

JERICÓ OJER , L., "El caso del Imán de Fuengirola: "¿autentica comisión del delito de provocación a la violencia (510.1 cp)?", *Revista Penal,* 18, 2006, pp. 153-175.

KLEMPERER, V., *La Lengua del Tercer Reich. Apuntes de un filólogo,* Editorial Minúscula, 2001, Barcelona.

KUNG, H., El *Islam. Historia, presente, futuro,* Ed. Trotta, Madrid, 2004.

LILA MURILLO, Mª S., GRACIA E, TAMARIT A., "Actitudes y respuestas de la policía ante situaciones de violencia de género en las relaciones de pareja", *Instituto de la mujer, estudios e investigaciones,* 2007 -2009.

LOSADA SANZ, M., "Hannah Arendt: acechando perplejidades en la fragilidad de lo humano, Hannah Arendt", en monográfico sobre Filosofía, mujeres y naturaleza, *Homenaje a Celia Amorós, Alfa* , 35, 2019, pp. 372-73.

LÓPEZ -SIDRO, A., "Circuncisión y libertad religiosa. Comentario a la Sentencia del Tribunal Regional de Colonia de 7 de mayo de 2012", *Revista General de Derecho Canónico y Derecho Eclesiástico del Estado,* 30, 2012.

MALNERO DEL LLANO, S. Y MORENO CANO, A., "Análisis de los mensajes feministas y pseudofeministas de los anuncios lanzados para conmemorar el Día Internacional de la Mujer", *Feminismo/s,* 42, 2023, pp. 153-188.

MARSALL C., "Los principios de Yogyakarta: derechos humanos al servicio de la ideología de género", *Díkaion,* año 25, vol. 20, 1, Chía Colombia, junio 2011.

MARTÍN GARCÍA, M. M., "Derecho y mujer. Anotaciones breves sobre la ideología de género", *Anuario de Derecho Eclesiástico del Estado,* vol. XXXII, 2016, pp. 607-623.

MARTÍNEZ-TORRÓN , J., "La igualdad de sexos en el sistema acordado de relaciones entre el Estado español y confesiones religiosas", *Aequalitas; revista jurídica de igualdad de oportunidades entre mujeres y hombres*, 10-11, 2002, pp. 61-67.

MÁRQUEZ GARCÍA, E.Y., GARCÍA-CARVAJAL, J. A., "La circuncisión como una manifestación de vulneración del derecho al libre desarrollo de la personalidad", *Derecho y políticas públicas, DIXI,* vol. 15, 17, enero-junio 2013.

MELÉNDEZ- VALDÉS NAVAS , M., "El velo islámico, contexto y significado ", *Anuario de Derecho Eclesiástico del Estado,* vol. XXVI, 26, 2010, pp.835-857.

Derecho de libertad religiosa, pluralismo religioso y espacio público, Tirant lo Blanch, 2017.

"Género e igualdad en la docencia universitaria sobre libertad religiosa ", *I Encuentro Red Docente de Excelencia de Género e Igualdad*: GenerUMA 2019, Borda Crespo, M.I., Palomares Perraut, R. (Editoras), UMA, Málaga, pp. 120-131.

"Figuras, imágenes y representaciones religiosas femeninas, perspectiva de género y tratamiento jurídico" en *Secularización, cooperación y derecho.* Estudios en Homenaje a la Prof. Dª Ana Fernández Coronado González, Ministerio de la Presidencia, Relaciones con las Cortes y Memoria Democrática, pp. 393-410.

MIRANDA- NOVOA, M., "Diferencia entre la perspectiva de género y la ideología de género", *Díkaion,* año 26, núm. 2, Chía, Colombia, diciembre 2012, pp. 337-356.

MIRIANO, C., *Cásate y sé sumisa,* Granada, Ed. Nuevo Inicio, 2013.

Cásate y da la vida por ella, Granada, Ed. Nuevo Inicio, 2013.

MOSTAFA, M. K., *La mujer en el islám,* Centro Islámico Sohail, Fuengirola, 2000.

MOTILLA, A., "las circuncisiones rituales de menores ¿acto contra la integridad física? Perspectivas civil y penal", *Anuario de Derecho Eclesiástico del Estado,* vol. XXXIV, 2018, pp. 173-199.

NARANJO DE LA CRUZ, R., "El uso de hiyab en las escuelas públicas ante los tribunales: comentario a la sentencia 35/2012, del Juzgado de lo Contencioso-administrativo de Madrid, núm.32, de 25 de enero de 2012", en *Diversidad cultural, género y derecho,* Laurenzo Copello, P., Duran Muñoz, R. (Coord.), Valencia, 2013, pp. 665-692.

Ortega Terol. J. M., "Islam y derecho internacional: influencia y desencuentros" en Catalá Rubio, S., Martí Sánchez, J. M.: *El islam en España. historia, pensamiento, religión y derecho,* ediciones de la Universidad de Castilla-la Mancha, 2001.

Parejo Guzmán, M. J., "¿Mujer, pluralismo religioso e igualdad de género?: desafío jurídico en el siglo XXI en España", *Revista de Derecho de la UNED (RDUNED),* 23, 2019, pp. 143–191.

Pineda Marcos, M., *Los poderes públicos ante la manifestación simbólica- religiosa en España,* Tesis doctoral Universidad de Alicante, 2012. Repositorio Institucional de la Universidad de Alicante. http://hdl.handle.net/10045/24057

Polo Sabau, J.R., "La prohibición del velo islámico integral en el espacio público: el concepto de vida en comunidad como límite a los derechos fundamentales en el caso S.A.S contra Francia", en *Complejidad del espacio público, democracia y regulación del ejercicio de derechos fundamentales,* coord. Aláez Corral, B., Ministerio de la Presidencia, Justicia y Relaciones con las Cortes, Centro de Estudios Políticos y Constitucionales, 2016, pp. 75-156.

"Sobre los límites de la libertad religiosa y la prohibición del burka en espacios públicos" ,en *Nuevas tendencias en la interpretación de los derechos fundamentales,* Gimeno Sendra, J.V., García, M.T., (coord.) Universitas, 2015, pp. 185-192.

Portilla Contrera, G., "Principio de intervención mínima y bienes jurídicos colectivos", *Revista de Derecho Penal y Criminología,* 39, 1989, pp. 723-748.

Puppinck G., *Femen: ECHR supports anti-Christian blasphemy,* European Centre for Law & Justice, https://eclj.org/free-speech/echr/femen—la-cedh-soutient-le-blaspheme-antichretien.

Mi deseo es la ley. Los derechos del hombre sin naturaleza, Ed. Encuentro, Madrid, 2020.

Roca, M.J., "Impacto de la jurisprudencia del TEDH y la Corte IDH sobre libertad religiosa", *Revista Española de Derecho Constitucional,* 110, 2017, pp. 253-281.

Rodrigo Lara, B., "Lenguaje e intención comunicativa : la interacción entre libertad de expresión y la libertad religiosa" en *Cultura , identidad, religión y derecho: una perspectiva interdisciplinar,* Coord. Palomino Lozano, P., Rodrigo Lara, B., BOE, 2023, pp. 19-41.

SALAZAR BENÍTEZ , O., "La identidad de género como derecho emergente", *Revista de Estudios políticos(nueva época)*, 169, Madrid, julio -septiembre- 2015, pp. 75-107.

SOUTO GALVÁN, B., "Discurso del odio: género y libertad religiosa", *Revista General de Derecho Penal,* 23, 2015.

SANZ MULAS, N., "Diversidad cultural y política Criminal. Estrategias para la lucha contra la mutilación genital femenina en Europa especial referencia al caso español" en *Revista electrónica de ciencia penal y criminología,* 16, 2 1014.

TAMAYO, J. J., "Discriminación de las mujeres y violencia de género en las religiones", *Fundación Carolina,* Madrid, 27 de junio de 2011.

"Las religiones contra la teoría de género", VLEX, pp. 123 138, en TAJAHUERCE ANGEL , I., A., Y RAMÍREZ RICO, E., (DIR. TAMAYO, J.J.) *La intervención en violencia de género desde diversos ámbitos,* Dykinson, Madrid, 2018.

TARDÓN VIGIL, M., "Ecofeminismo. Una reivindicación de la mujer y la naturaleza. Ecofeminism. A demand of women and nature", *El Futuro del Pasado,* 2, 2011, pp. 533-542.

VIDAL GALLARDO, M., " Implicaciones jurídicas de la mutilación genital femenina en las sociedades abiertas" , *Derechos y libertades,* 34 enero, 2016, pp. 169-202.

ZAPPINO VULCANO, V., "Reflexiones sobre la naturaleza jurídica de los Principios de Yogyakarta y su gravitación en el sistema interamericano de Derechos Humanos", *Revista Integración Regional y Derechos Humanos, Revista del Centro de Excelencia Jean Monnet Universidad de Buenos Aires – Argentina,* Segunda época, Antigua Revista Electrónica de la Cátedra Jean Monnet (2013–2019), año VIII, 2, 2, 2020, pp. 283-308.